Freiheit Next Level

Libertarismus für eine neue Generation

FREIHEIT NEXT LEVEL

Libertarismus für eine neue Generation

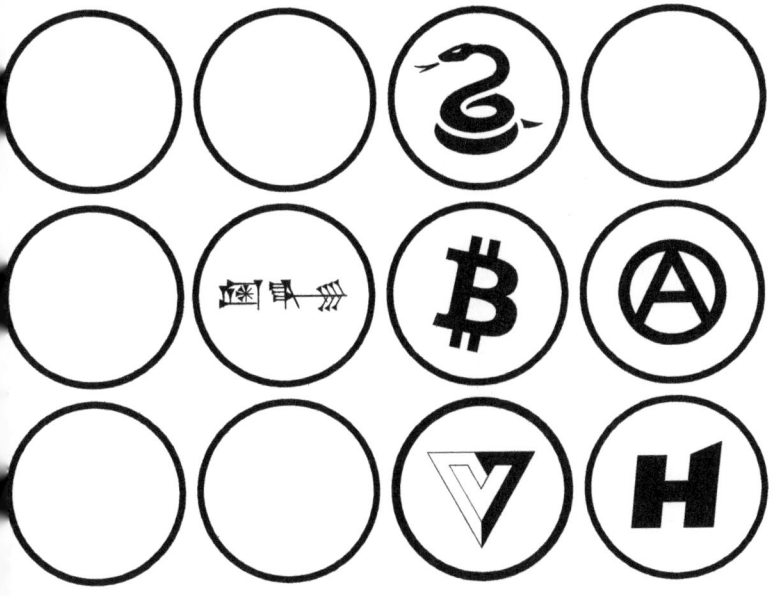

How to HOCHKULTUR POCKET

Bibliografische Information der Deutschen
Nationalbibliothek: Die Deutsche Nationalbiblio-
thek verzeichnet diese Publikation in der Deutschen
Nationalbibliografie; detaillierte bibliografische
Daten sind im Internet über dnb.dnb.de abrufbar.

Verlag: BoD · Books on Demand GmbH, Überseering 33,
22297 Hamburg, bod@bod.de
Druck: Libri Plureos GmbH, Friedensallee 273, 22763
Hamburg

ISBN: 978-3-7693-5162-0

www.hochkultur.org

Den Träumern, Machern und Unbeugsamen.
Für eine Welt ohne Zwang.

Inhaltsverzeichnis

Mit freiheitlichen Ideen gegen das gefährliche Etatismus-Virus

Vorwort von Benjamin Mudlack

Deutschland und große Teile der westlichen Welt befinden sich in einer gefährlichen Abwärtsspirale. Angetrieben wird diese Spirale der staatlichen Eingriffe und staatlichen Omnipräsenz von den falschen Ideen, die sich in den Köpfen der Menschen befinden und denen sie nachlaufen. Mit falschen Ideen sind antifreiheitliche und antimarktwirtschaftliche Irrkonzepte gemeint. Gerade die Menschen in Deutschland scheinen vergessen zu haben, dass der heutige Wohlstand im Wesentlichen in den Jahren zwischen 1949 und 1966 erwirtschaftet wurde. Ludwig Erhard, der erste Wirtschaftsminister der Bundesrepublik Deutschland, war es, der sämtliche Preisvorgaben und Maßnahmen der erzwungenen Güterbewirtschaftung aufgehoben hatte. Durch diesen Umstand spiegelte sich die relative Knappheit der Güter auch in den Preisen wieder und die Regale füllten sich durch die dann funktionierenden marktwirtschaftlichen Anreizsysteme innerhalb kürzester Zeit.

Das sogenannte Wirtschaftswunder konnte sich entfalten und die Ressourcen wurden durch die funktionierenden Preismechanismen in die dringlichsten und effizientesten Verwendungen geführt. Dabei muss man klar zum Ausdruck bringen, dass es sich nicht um ein Wirtschaftswunder handelte. Es war eine freiere Marktwirtschaft als wir das aus heutigen Zeiten kennen. Heute geht man hierzulande den Weg zurück und führt Mietpreisdeckel, Mindestlöhne, eigentumsfeindlichen Heizungszwang, eine Vielzahl an Subventionen und anderer planwirtschaftlicher Zwangsdiktate ein. Die zentrale Frage ist stets identisch: Handeln die Menschen aus freiem Antrieb oder werden sie unter Gewaltandrohung zum Handeln gezwungen?

Das freiwillige Handeln und die freie Marktwirtschaft sind gekennzeichnet von Win-Win-Konstellationen und friedlichen Handlungen, die frei von Gewalt und Zwang sind. Wenn ich zum Bäcker gehe und 40 Cent gegen ein Brötchen tausche, dann ist mir das Brötchen mehr als die 40 Cent wert und dem Bäcker weniger als die besagten 40 Cent. Aus der Tatsache, dass mir das Brötchen mehr wert ist als dem Bäcker, resultiert die sogenannte Intersubjektivität. Das heißt, die subjektiven Werturteile des urteilenden Bäckers und des urteilenden Käufers sind unterschiedlich. Nur durch differierende Werturteile kann es zum Gütertausch (Geld gegen

Brötchen) kommen. Beide Vertragspartner verbessern ihre Situation und genau diese Situationsverbesserung ist der Ursprung einer jeden Handlung. Wir Menschen möchten unsere Ziele durch freiwillige Kooperation erreichen und unsere Bedürfnisse befriedigt wissen.

Auf der anderen Seite steht die unter Gewaltandrohung erzwungene Kooperation. Diese ist gekennzeichnet von Win-Lose-Situationen. Die gewaltandrohende Person profitiert auf Kosten der bedrohten Person. Man kann auch von feindlichen Handlungen sprechen. Ludwig von Mises sagte einmal sinngemäß, dass man die Menschen nicht gegen ihren eigenen Willen glücklich machen kann. Dieser Satz trifft es und ist das, was man Essenz der Freiheit bezeichnen kann.

Wir Menschen gehören ausschließlich uns selbst und alles, was wir mit unseren Fähigkeiten und unter Einsatz unserer Lebenszeit erzeugen und erwirtschaften, gehört ausschließlich uns selbst. Niemand hat das Recht sich daran unter Gewaltandrohung zu bereichern, auch nicht dann, wenn vier von fünf Menschen für die Beraubung des Fünften stimmen. Handlungslogisch betrachtet kann aus Zahl kein Recht, oder in diesem Fall Unrecht, entstehen oder scheinlegitimiert werden. Wenn wir in Deutschland von 11 bis 15 Millionen Steuer- und Abgabengebern sprechen können, dann ist es klar, dass die sich in der Überzahl befindlichen Steuer-nehmer die politische Richtung zur Bewirtschaf-tung der Steuergeber zentral bestimmen. Ein ab-schüssiger und substanzvernichtender Pfad wird beschritten. Der Wohlstand schwindet.

In der Praxis dominieren in Deutschland mehr-heitlich die feindlichen Handlungen. Der Staat ist omnipräsent und zeichnet für mehr als 50 Prozent der amtlich veröffentlichten Wirtschaftsleistung verantwortlich.

Staatliche Institutionen unterbreiten den Men-schen keine schadlos ablehnbaren Angebote. Das heißt, wenn man den Anweisungen nicht folgt, dann bekommt man die volle Gewalt – in letzter Kon-sequenz Zwangshaft – des Apparates zu spüren. Sämtliche Mittel, die staatliche Akteure verwal-ten und zuteilen, werden durch Zwang und Gewalt akkumuliert. Eine Staatsquote von über 50 Pro-zent impliziert somit nichts anderes als die Domi-nanz von Zwang und Gewalt. Darüber hinaus be-deutet diese Dominanz auch, dass der Wohlstand der betreffenden Volkswirtschaft sukzessive da-hinschmilzt.

Wohlstand wird durch Produktivität erzeugt und für diese Produktivkräfte steht die freiwillige Kooperation. Man könnte in dem Zusammenhang auch von den freien marktwirtschaftlichen Anteilen sprechen. Der Staat subtrahiert vom erwirtschafteten Wohlstand und die marktwirtschaftlichen Anteile multiplizieren ihn. Die junge Bonner Republik startete nach dem Zweiten Weltkrieg mit einer Staatsquote von etwas über 30 Prozent. Leider hat sich die These bewahrheitet, dass ein noch so kleiner Staat stets zum Maximalstaat, also zum totalen Staat mutiert. Auch die 30 Prozent waren von dem viel zitierten Minimalstaat weit entfernt. Ein Minimalstaat ist lediglich für die innere und äußere Sicherheit eines Gebietes und für den Schutz der Eigentumsrechte verantwortlich. Das menschliche Bedürfnis nach innerer und äußerer Sicherheit, also dem Schutz vor Leib, Leben und Eigentum, ist nicht von der Hand zu weisen. Das Problem der „modernen" Nationalstaaten ist jedoch, dass sie Kosten verursachen, aber nicht auf Preise zurückgreifen können. Die Leistungen oder Minderleistungen des Staates stellen sich keiner konkurrenzwirtschaftlichen Ordnung. In konkurrenzwirtschaftliche oder auch natürliche Ordnungsverhältnisse fließen die subjektiven Werturteile der Menschen ein und aus ebendiesen ergeben sich Preise und Preisverläufe. Ohne dynamische Preisverläufe (steigende Preistendenzen implizieren Knappheit in dem betreffenden Markt und fallende Preisverläufe indizieren einen Überschuss) fehlen den Zentralplanern die Informationen. Sie wissen nicht was an welchem Ort knapp und was an welchem Ort im Überfluss vorhanden ist. Am Kalkulations- und Informationsproblem scheiterten DDR und die UdSSR. Es gab kein Privateigentum an den Produktionsmitteln und folglich fand kein Austausch an Produktionsmitteln statt. Ohne Austausch gibt es keine Preise und ohne Preise kann nicht errechnet werden, welcher Produktionsweg der günstigste und ressourcenschonendste bzw. umweltverträglichste ist.

Der Wirtschaftsinterventionismus kann nicht als ein System von Dauer angesehen werden. Er ist lediglich eine Methode, um allmählich und stufenweise vom Kapitalismus zum Kommunismus überzugehen.
LUDWIG VON MISES

Das, was sich in der DDR und UdSSR in der Realität manifestierte, bewies Ludwig von Mises bereits im Jahre 1919 in seinen Untersuchungen kollektivistischer Gemeinwesen. Im Jahre 1922 veröffentlichte er diese Gedanken im umfangreichen Werk „Die Gemeinwirtschaft". Es ist sehr bedenklich und intellektuell überhaupt nicht nachvollziehbar, dass Deutschland immer tiefer in den Sumpf des Kollektivismus abtaucht und die Fehler der Vergangenheit wiederholt.

Der Parasit und der Wirt: Ein ewiger Kampf

Der Wohlstand einer Volkswirtschaft wird durch einen Zuwachs an Waren, Gütern und Dienstleistungen gemehrt. Der Wohlstandszuwachs resultiert aus Produktivitätsgewinnen und diese wiederum sind das Ergebnis von technologischem Fortschritt, die dann effizienteren Fertigungsmethoden und einen höheren Güteroutput – oder geringerem Input – ermöglichen. Diese Verfahren werden durch Unternehmer entwickelt, finanziert, zur Marktreife gebracht und nicht von staatlichen Zentralplanern ersonnen. Die Unternehmer sind es, die durch Kapitalbildung (sie sparen) in Produktionsmittel investieren, und sie sind es, die mithilfe der Produktionsmittel die Güter zur Bedürfnisbefriedigung der Menschen produzieren. Durch den Einsatz von Produktionsmitteln wird auch die Wertigkeit der Arbeitsleistung der Menschen erhöht. Folglich können höhere Löhne gezahlt werden, indem die Arbeiter an den Produktivitätsfortschritten partizipieren. Wie schon ausgeführt, sind sämtliche staatliche Aktivitäten parasitärer und wissensanmaßender Natur. Der Parasit lebt auf Kosten des Wirts und saugt ihn am Ende bis zur Leblosigkeit aus. Richtig problematisch wird es, wenn der Parasit dem Wirt vorschreibt wie er was zu produzieren hat. Oder wenn der Parasit durch bürokratische Hindernisse dem Wirt den freien Zugang zu seinen Produktionsmitteln verstellt und sich so an den Eigentumsrechten vergeht. An diesem Punkt stehen wir heute. Der parasitäre Interventionsstaat schreibt den Menschen vor, wie sie ihre Behausung zu heizen oder wie sie sich mit welchem Antriebsmotor fortzubewegen haben. Die verbliebenen Anteile der freien Marktwirtschaft schwinden immer mehr und der Wirt merkt teilweise gar nicht, dass er von einem wuchernden Parasiten befallen ist. Möglicherweise ist er selbst von den interventionistischen Ideen überzeugt und befürwortet die großen staatlichen und suprastaatlichen Eingriffe. Auch wenn sie ihm selbst schaden, so scheinen immer mehr Wirte den falschen Ideen nachzulaufen und sich mit ihrem Peiniger zu identifizieren.

Frei geboren und schrittweise in Ketten gelegt

Beobachtet man neugeborene oder junge Menschen, dann stellt man fest, dass sie extrem frei geboren werden und extrem frei agieren. Sie wissen ihre Interessen durchzusetzen und haben glasklare Bedürfnisse. Die Menschen werden nicht nur frei geboren, sie sind frei von einer externen „Programmierung". Jedoch beginnt schon im Elternhaus die Prägung – auch als „Programmierung" zu bezeichnen – und diese wird dann durch staatliche Institutionen wie Kindertagesstätten, Schulen und später Universitäten verfestigt. Die Menschen werden in den Glauben an die Notwendigkeit eines omnipräsenten Interventionsstaates hineingeboren und die staatlichen Bildungsinstitutionen sorgen für die Aufrechterhaltung und Intensivierung dieses Glaubens. In diesem Vorwort möchte ich diesen Irrglauben als Virus bezeichnen. Je älter die Menschen sind und desto länger sie im staatlichen Bildungsapparat aushielten, desto schwerer sind sie vom Virus betroffen. Das Virus ist Teil der Menschen geworden und Kritik am bestehenden Weltbild verursacht im übertragenen Sinne Schmerzen die der gewaltsamen Entfernung von Gliedmaßen ähnelt. Die Menschen wehren sich buchstäblich mit Händen und Füßen, dabei hält sie das Virus – frei nach Kant – in ihrer eigenen Unmündigkeit gefangen. Sie geben die Freiheit auf und opfern nahezu jeden ihrer Lebensbereiche und legen die Verantwortung für ebendiese Lebensbereiche in die Hände staatlicher Akteure. An die Stelle der Eltern treten staatliche Institutionen, und so bleiben die Menschen ihr Leben lang in Abhängigkeit und in Unmündigkeit und in Abhängigkeit. Sie akzeptieren, dass Recht nicht durch freiwillige einzelvertragliche Vereinbarung gefunden wird, sondern durch positive Rechtsetzung diktatorisch durch herbeiverhandelte Scheinmehrheiten in die Welt gesetzt wird. Sie akzeptieren den durch Gewaltandrohung durchgesetzten Zwang, anstatt die vollumfängliche freiwillige Kooperation auf Basis von Win-Win-Konstellationen zu befürworten. Das vorliegende Buch eignet sich hervorragend, um sich den freiheitlichen Ideen grundlegend zu widmen. Es wirkt wie ein Gegengift gegen das schädliche Virus.

„Moderne" Nationalstaaten: Vermeintlich guter Ruf, aber eine miserable Erfolgsbilanz

Im Jahre 1994 veröffentlichte der US-amerikanische Politikwissenschaftler Rudolf Joseph Rummel (1932–2014) ein bemerkenswertes Buch. Es hat den Namen „Death by Government" und trägt historisch zusammen, wie viele Menschen im Namen der Regierungen der „modernen" Nationalstaaten gestorben sind. In Addition sollen es bis 1994 laut Rummel 170 Millionen Menschen gewesen sein. Nun sind seit 1994 über 30 Jahre vergangen und die Zählung hält bis heute an, so wie das Morden und die kriegerischen Auseinandersetzungen bedauerlicherweise weiterhin Bestand haben.

Der erste Schritt, der von einem Krieg zwischen Soldaten zurück zu einem totalen Krieg führte, war die Einführung des Militärzwanges.

Dies beseitigte Schritt für Schritt den Unterschied zwischen Soldaten und Zivilisten.

Der Krieg war nicht länger eine Angelegenheit der Söldner, nun war jeder involviert, der die nötige physische Konstitution hierzu hatte.

LUDWIG VON MISES

Preußen führte „erst" im Jahre 1814 den Militärzwang ein. Vielen Menschen ist dieser Umstand gar nicht bewusst, sie sind der Auffassung, dass der Militärzwang schon viele Jahrhunderte oder länger Bestand hätte. Mit der Epoche des Militärzwanges auf deutschem Boden begannen die großen Krieg und leider halten sie bis heute an. In Deutschland wird nicht mehr nur der Militärzwang für die männlichen jungen Menschen gefordert, sondern es werden auch Rufe nach Zwangsdiensten für junge Frauen laut. Wenn man das Zitat von Ludwig von Mises richtig verinnerlicht hat, dann kann man angesichts dieser verheerenden Entwicklungen nur mit dem Kopf schütteln.

Existenz durch Akzeptanz

Kern aller Probleme ist die Nachfrage nach Herrschaft. Es ist die Akzeptanz des Throns und nicht die Existenz des Throns oder des Königs. Ohne Akzeptanz würde es keine Durchsetzungsmöglichkeit der herrschaftlichen Ordnungsstrukturen geben. Beispielsweise konnten die mit Corona begründeten Zwangsmaßnahmen mit dem Schwinden der Akzeptanz und dem Aufkommen der breitflächigen Proteste nicht mehr aufrechterhalten werden. Ähnlich würde es sich mit dem Militärzwang verhalten. Wenn die Menschen begreifen würden, welch Unheil damit verbunden ist, könnte die Akzeptanz verloren gehen. Daraus folgt, dass wir Menschen uns nur mit breitflächiger Aufklärung, mit Einsicht und dem Willen sich selbst aufzuklären weiterentwickeln und von der Epoche der Vernichtung und des totalen Staates fortbewegen können. Werke wie das vorliegende sind elementarer Bestandteil dieser dringend erforderlichen Aufklärung. Es ist nicht übertrieben, dass der Fortbestand der Menschheit integral mit einer aufgeklärten und nicht staatsgläubigen Bevölkerung einhergeht. Lapidar könnte man sagen, wenn die Menschen den Schwachsinn akzeptieren, dann darf sich niemand wundern, dass die Schwachsinnigkeit dominiert. Mit dem Schwachsinn einhergehend, degenerieren gesamte Volkswirtschaften und vernichten den zuvor erwirtschafteten Wohlstand. In Moorburg, in der Nähe von Hamburg, wurde beispielsweise ein erst 2015 in Betrieb genommenes Kohlekraftwerk im Jahre 2021 stillgelegt. Jetzt im Jahre 2025 wurde das Werk gesprengt (was beim ersten Versuch gar misslang) und der erwirtschaftete Kapitalstock und die damit verbundene wichtige Infrastruktur vernichtet. Erwirtschaftete und verbaute Ressourcen werden zerstört. Diese Maßnahmen sind Ausdruck der aktuell dominierenden Schwachsinnigkeit und sind selbstverständlich mit den Attributen des Umwelt- und Ressourcenschutzes nicht in Einklang zu bringen. Aber, und das ist der springende Punkt, diese Zerstörungspolitik findet Akzeptanz in der Bevölkerung. Ansonsten wären diese Maßnahmen nicht durchführbar.

Das West- und Oströmische Reich als erhellendes Vergleichsbeispiel

Die Geschichte hält viele Beispiele zur lebhaften Veranschaulichung bereit. Der Vergleich des West- und Oströmischen Reiches ist als besonders eindrücklich in die Geschichte eingegangen. Eng verwoben mit gesunden und nachhaltigen Strukturen ist die Frage der Geldordnung. In natürlichen Ordnungen sind es die Menschen, die frei entscheiden, welches Geld sie für ihre Tauschgeschäfte als das ihnen am dienstlichsten erachten.

Das marktgängigste Gut entwickelt sich im Rahmen eines Marktprozesses zum Geld. In der

Menschheitsgeschichte waren das zumeist Gold, Silber und andere Edelmetalle. Heute im digitalen Zeitalter ist Bitcoin als Geldkandidat zu benennen. Leider ist es so, dass Geld seit jeher als Herrschaftsinstrument verkommen ist und immer wieder politisch vereinnahmt wurde.

Kriegerische Länder neigten dazu, ihre Währungen zu inflationieren und den Edelmetallgehalt zu verwässern. Westrom führte zum Machterhalt und der Machtausdehnung Krieg im Inneren und natürlich auch gegen andere Territorien. Der Silbergehalt des Denars wurde durch diese kostspieligen Projekte in ungefähr 200 Jahren von nahe 100 Prozent fast auf die Nulllinie herabgesetzt. Das Weströmische Reich landete im Chaos, Mord, Krieg, Not und Elend. Von etwas über einer Million Einwohner blieben noch ungefähr 20.000 Menschen übrig und Westrom verschwand gänzlich von der Bildfläche. Das Oströmische Reich operierte mit dem beständig goldgedeckten Solidus. Die im wahrsten Sinne des Wortes solide Geldordnung Ostroms führte dazu, dass das Oströmische Reich ungefähr 1.000 Jahre länger als das Weströmische Reich existierte.

Anhand dieses Beispiels wird die Bedeutung einer seriösen und marktwirtschaftlichen Geldordnung als Existenzgrundlage für die Menschen deutlich. Analog zur damaligen Münzverschlechterung wird das Geld heute durch schlichte Buchungssätze verschlechtert und mengenmäßig ausgedehnt. Die mengenmäßige Ausdehnung des Geldes nennt man Inflation und diese senkt dann das Geld qualitativ herab, in dem die Kaufkraft sinkt. Als der Euro 1999 elektronisch eingeführt wurde, tauschten die Menschen ca. 250 Euro gegen eine Unze Gold. Ende März 2025 notiert die Unze Gold bei über 2.800 Euro. In Euro gerechnet hat sich der Preis des Goldes in der Historie des Euro mehr als verelffacht. Die Geldmenge wurde von 4.667 Mrd. Euro auf jetzt bald 17.000 Mrd. Euro inflationiert. Interessant ist, dass Gold deutlich dynamischer gestiegen ist (Faktor 11), als der Euro verschlechtert wurde (knapp Faktor 4). Dieser Umstand spricht dafür, dass das Vertrauen in die europäische Gemeinschaftswährung extrem gelitten hat.

Modelle versus Realität

Ein zentrales Problem unserer heutigen Zeit ist nach meiner Einschätzung mit der „Modellgläubigkeit" und Wissenschaftsgläubigkeit anzuführen. Nahezu sämtliche Problemstellungen werden auf Basis von historischen Aufzeichnungen der Vergangenheit modelliert. Egal ob es um Fragestellungen der Krankheitsverläufe, Temperaturentwicklungen oder Konjunkturzyklen geht. Die Modellierungen blicken stets auf die Vergangenheit, sind jedoch denklogisch nicht in der Lage, individuelle dynamische Entwicklungen oder andere komplexe Phänomene mit Rückkopplungseffekten zu berücksichtigen. Die Modellgläubigkeit ist im Grunde nichts anderes als eine Unterkategorie der Staatsgläubigkeit und der Befürwortung des Interventionsstaates als solchen.

Im Bereich der Medizin wird der Mensch im Rahmen der Modellierungsversuche wie eine defekte Maschine behandelt. Ein bestimmtes Symptom einer Krankheit XY wird mit Gabe des Medikamentes Z therapiert. Die Tatsache, dass jeder Mensch über eine andere Krankheitshistorie und eine andere genetische und körperliche Konstitution verfügt, wird wenn überhaupt, nur stiefmütterlich behandelt.

Im Falle der zentralen Zins-, Geldmengenplanung und planwirtschaftlichen Wirtschaftssteuerungsversuche verhält es sich ganz ähnlich. Die Modellierungen dienen dazu, Regierungshandeln oder Zentralbankinterventionen zu rechtfertigen. Menschen und handelnde Wirtschaftsakteure werden auf Basis der heutigen Mainstream-Ökonomie grob gesagt zu sogenannten Aggregaten zusammengefasst und in Formeln verarbeitet. Man versucht die handelnden Akteure zum Objekt zu machen, ihr Handeln zu standardisieren/objektivieren, vernachlässigt aber die Tatsache, dass jedes Wirtschaftssubjekt, also jeder Mensch, auf Basis seiner subjektiven Werturteile und in seinem höchst individuellen Lebenskontext agiert. Menschen sind lernfähig und verhalten sich in der zweiten Krise vollständig anders als in der zeitlich vorangegangenen ersten Krise. Diese Lernfähigkeit findet in den Modellen keinerlei Berücksichtigung. Darüber hinaus steht die Subjektivität in vollständigem Widerspruch zu standardisierten Planungsverfahren. Das handelnde Subjekt bzw. der frei handelnde Mensch wird automatisch zum Feind und zur schier unkalkulierbaren Variablen der Zentralplaner.

Es ist insofern nicht verwunderlich, dass sich die Diskussionen der herrschaftlichen Kreise rund um die digitalen Zentralbankeinheiten (CBDC = Central Bank Digital Currency) großer Beliebtheit erfreuen. Durch programmierbares Geld könnte man das menschliche Handeln kontrollierbar machen und Attribute (CO_2-Budget usw.) zur Verwendung des digitalen Geldes definieren.

Hand in Hand mit der Vollkontrolle durch die CBDCs könnte die Künstliche Intelligenz (KI) dieser Entwicklung mehr als flankierend zur Seite stehen. Heutzutage stellt mangelnde Rechenleistung kein Problem mehr dar, und so könnte man den Menschen erzählen, dass die Zentralplanung nun mit den Werkzeugen der KI endlich wirkungsvoll umgesetzt werden könne. Auch die Künstliche Intelligenz arbeitet mit Vergangenheitsdaten und ist nicht in der Lage, die zukünftige und sich permanent dynamisch verändernde Bedarfslage der Menschen herbei zu konstruieren. Derartige Versuche werden ebenso im Elend und in der Knappheit enden, wie sämtliche bekannten Versuche der Zentralplanung.

Auswege aus der Dunkelheit

Eine Welt mit Frieden und Wohlstand für alle kann auf Dauer nur entstehen und gehalten werden, wenn es der Menschheit gelingt, das politische Zeitalter und das Zeitalter des totalen Interventionsstaates zu überwinden.

Politiker stellen nichts her, oder bieten nichts an, was ich persönlich freiwillig nachfragen würde. Folglich sollte das Ziel sein, eine entpolitisierte Welt aus schadlos ablehnbaren Angeboten anzustreben. Es geht auch nicht darum, neue Systeme zu konstruieren. Systeme dienen stets demjenigen, der sie geschaffen hat, und sie kommen von oben in die Welt. Lösungen entstehen graswurzelartig auf Basis konkurrenzwirtschaftlicher Ordnungen, durch ablehnbare unternehmerische Angebote und durch freiwillige menschliche Kooperation. Dabei ist es von oberster Notwendigkeit, dass der jeweilige Unternehmer auch mit seinem Besitz monetär und durch sein Gesicht vor Ort emotional bei Kunden und Mitarbeitern haftet.

Unabdingbar für eine Welt ohne Zwang und Gewalt ist die Aufklärung. Dieses wunderbare kompakte Buch von Timo Schlichenmaier ist mehr als nur ein Anfang, um in die Freiheitslehre einzutauchen. Ich hoffe sehr, dass das Werk seinen Dienst für die freiheitliche Sache erfüllt und möglichst viele Menschen für die Ideen der Freiheit und Marktwirtschaft zu begeistern vermag.

Es lebe die Freiheit!

Rheine im März 2025

Über dieses Buch

Dieses Pocket-Book bietet einen umfassenden und kompakten Einblick in den Libertarismus – eine Philosophie, die radikale individuelle Freiheit, freiwillige Kooperation und die Abwesenheit staatlicher Kontrolle betont. Angefangen bei den historischen Wurzeln in der Aufklärung bis hin zu modernen Vertretern wie Mises, Rothbard und Hayek, zeigt das Buch, warum Libertarismus heute relevanter ist denn je.

Es behandelt zentrale Themen wie Eigentum, freie Märkte, Dezentralisierung und persönliche Autonomie und beleuchtet kontroverse Fragen wie Drogenpolitik, Abtreibung und soziale Verantwortung aus libertärer Sicht.

Ein besonderer Fokus liegt auf Bitcoin als Werkzeug der Freiheit: ein dezentrales, faires Geldsystem, das die Trennung von Staat und Geld ermöglicht – ganz im Sinne von Hayeks Vision. Mit praktischen Beispielen und einem Aufruf zum Handeln zeigt das Buch, wie eine Gesellschaft ohne Staat gestaltet werden kann – von der Landwirtschaft über Bildung bis zur Kunst. Der Anhang bietet eine Einführung in libertäre Symbole, empfohlene Literatur und wichtige Institutionen für alle, die tiefer in die Welt des Libertarismus eintauchen möchten.

Dieses Buch ist nicht nur ein Leitfaden, sondern ein Manifest für alle, die eine freie Zukunft mitgestalten wollen – inspiriert von den Ideen des Libertarismus und der Innovation von Bitcoin.

Mein Weg vom Dorfpunk zum Libertarismus und warum dieses Buch entstanden ist

Ein paar Worte zum Geleit von Timo Schlichenmaier

Ende der 80er, Anfang der 90er: Ein kleines Dorf, wenig Inspiration, viel Rebellion. Als Dorfpunk war meine Ablehnung gegenüber Autoritäten tief verankert. Anarchie war das Ideal – ein Leben ohne staatliche Kontrolle und Zwang. Doch eines störte mich immer: Der Anarchismus, wie wir ihn uns damals dachten, war eng mit linken und sozialistischen Ideen verknüpft. Wie kann Anarchie funktionieren, wenn das Wirtschaftssystem, der Sozialismus, ohne den Staat nicht existiert? Diese Frage ließ mich nicht los.

Jahrelang suchte ich nach einem Weg, Anarchie und Freiheit ohne staatliche Eingriffe zu vereinen. Ich las, diskutierte, und stieß schließlich auf den Libertarismus und die Österreichische Schule der Nationalökonomie. Die Idee der freien Marktwirtschaft – einer Ordnung, die durch freiwillige Interaktion und Eigentum funktioniert – faszinierte mich. Hier war ein System, das keine staatliche Kontrolle benötigte. Der Libertarismus zeigte mir, dass Anarchie nicht Chaos bedeuten muss, sondern Ordnung durch Freiheit.

Bitcoin war ein weiterer Schlüsselmoment. Die Möglichkeit, Geld zu schaffen und zu verwenden, das unabhängig von staatlicher Kontrolle existiert, öffnete mir die Augen. Es war der Beweis, dass Dezentralisierung funktionieren kann.

Dieses Buch ist aus meiner Reise entstanden. Es soll erklären, inspirieren und zeigen, dass Libertarismus nicht nur Theorie ist, sondern ein Weg, den wir gemeinsam gehen können. Für eine Zukunft, die auf Freiheit, Verantwortung und freiwilliger Kooperation basiert.

Wer will, kommt mit auf diesem Weg.

Hamburg im März 2025

01 Was ist Libertarismus?

Libertarismus ist die Philosophie der Freiheit – die radikale Idee, dass jeder Mensch das Recht hat, sein eigenes Leben zu bestimmen. Seine Wurzeln reichen von den liberalen Denkern der Aufklärung wie John Locke, der das Recht auf Leben, Freiheit und Eigentum als unveräußerlich definierte, bis zu modernen Ökonomen wie Ludwig von Mises und Murray N. Rothbard.

Der Libertarismus basiert auf einem Prinzip: Niemand hat das Recht, Gewalt gegen einen anderen einzusetzen.

MURRAY N. ROTHBARD

Liberalismus ist der uneingeschränkte Respekt des Lebensentwurfs anderer basierend auf dem Prinzip der Nichtaggression und des Rechts auf Freiheit, Leben und Eigentum.

Ursprung und Entwicklung

Libertarismus wurzelt in den Lehren der Aufklärung, die das Individuum ins Zentrum rückten. Schon in der Antike diskutierten Philosophen wie Aristoteles über die Rolle des Individuums. Im 18. Jahrhundert setzte sich John Stuart Mill in *„On Liberty"* für individuelle Freiheit ein. Locke sprach vom Naturrecht auf Leben, Freiheit und Eigentum, während Adam Smith den freien Markt als Ausdruck individueller Freiheit sah.

Keine Gesellschaft kann frei sein, wenn sie auf Zwang basiert.
AYN RAND

Grundprinzipien

→ **Freiheit:** Jeder Mensch ist frei, zu tun, was er will, solange er anderen nicht schadet.
→ **Eigentum:** Eigentum ist die Grundlage für Selbstbestimmung.
→ **Freiwilligkeit:** Alle Interaktionen müssen freiwillig sein.

Jenseits von „Links" und „Rechts"

Libertarismus passt nicht in traditionelle politische Kategorien. Er lehnt staatliche Kontrolle ab, sei es durch Sozialismus oder Nationalismus. Oder, frei nach Javier Milei: Die Rechten schreiben dir vor, mit wem du ins Bett gehen darfst, es ist ihnen aber egal, mit wem du Geschäfte machst. Den Linken ist es egal, mit wem du ins Bett gehst, aber sie schreiben dir vor, mit wem du wirtschaftest. Dem Libertären ist beides egal.

Freiheit stirbt in kleinen Schritten.
FRIEDRICH A. VON HAYEK

Relevanz heute

In einer Zeit zunehmender Überwachung und staatlicher Kontrolle suchen viele nach Alternativen. Bitcoin und Dezentralisierung zeigen, dass diese Alternativen möglich sind. Die Verbindung zwischen Libertarismus und Bitcoin ergibt sich aus der gemeinsamen Ablehnung zentraler Kontrolle und der Betonung von Dezentralisierung und Freiwilligkeit.

Bitcoin ist nicht nur digitales Geld – es ist gelebter Libertarismus.
ANONYM

Libertarismus bietet eine Vision für eine Zukunft, in der Menschen frei, eigenverantwortlich und ohne Zwang leben können. Dabei ist es kein utopisches Konzept, sondern ein praktischer Ansatz, der bereits in vielen dezentralen Projekten weltweit erprobt wird.

 **BITCOIN:**
Ein libertäres Experiment –
Dezentral, freiwillig, grenzenlos.

Libertarismus ist nicht nur eine Philosophie, sondern ein praktischer Weg in eine selbstbestimmte Zukunft, getragen von Innovation, Mut und Eigenverantwortung.

In den folgenden Kapiteln wollen wir all dem auf den Grund gehen.

02 Individuum vs. Kollektiv: Warum Freiheit das Fundament ist

In der heutigen Gesellschaft prallen oft zwei Weltanschauungen aufeinander: die Betonung des Individuums und die des Kollektivs. Der Libertarismus stellt das Individuum in den Mittelpunkt und argumentiert, dass persönliche Freiheit nicht nur ein Grundrecht, sondern auch die Basis für gesellschaftlichen Fortschritt ist.

Das Individuum im Zentrum des libertären Denkens

Libertäre Philosophen wie Ayn Rand betonen die Bedeutung des Einzelnen. In ihrem Werk *„Atlas Shrugged"* schreibt sie: „Die kleinste Minderheit auf Erden ist das Individuum. Diejenigen, die individuelle Rechte leugnen, können nicht behaupten, Verteidiger von Minderheiten zu sein." Diese Perspektive unterstreicht, dass der Schutz individueller Rechte essenziell für eine gerechte Gesellschaft ist.

Historischer Kontext

Die Diskussion über das Verhältnis von Individuum und Kollektiv ist nicht neu. Bereits in der Antike debattierten Philosophen über die Rolle des Einzelnen in der Gemeinschaft. Während Platon in „Der Staat" eine idealisierte Gesellschaftsordnung beschrieb, in der das Kollektiv über dem Individuum stand, setzte Aristoteles in „Politik" auf die Bedeutung des Einzelnen als Grundlage der Polis.

AUFKLÄRUNG UND INDIVIDUALISMUS

Im 18. Jahrhundert führte die Aufklärung zu einem Paradigmenwechsel. Denker wie John Locke argumentierten für natürliche Rechte des Individuums, darunter Leben, Freiheit und Eigentum. Diese Ideen legten den Grundstein für moderne Demokratien und betonten die Wichtigkeit individueller Freiheiten gegenüber staatlicher Autorität.

Freiheit vs. Egoismus

Kritiker werfen dem Libertarismus oft vor, dass die Betonung der individuellen Freiheit zu Egoismus und sozialer Kälte führt. Libertäre entgegnen jedoch, dass wahre Freiheit Verantwortung mit sich bringt. Freiwillige Kooperation und der Respekt vor den Rechten anderer sind zentrale Elemente. Ludwig von Mises schrieb in „Human Action": „Freiheit ist immer die Freiheit des Andersdenkenden." Dieses Zitat verdeutlicht, dass individuelle Freiheit nicht auf Kosten anderer gehen darf, sondern im Einklang mit der Freiheit der Mitmenschen stehen muss.

Freiheit braucht keine Erlaubnis

Freiheit bedeutet nicht, anderen zu erlauben, was sie tun dürfen – es bedeutet, ihnen nichts verbieten zu müssen.

Freiheit im libertären Sinne ist radikal: Sie erkennt an, dass niemand die Macht haben sollte, Handlungen zu erlauben oder zu verbieten, solange diese nicht die Freiheit, das Eigentum oder die Rechte anderer verletzen. Das Konzept der Erlaubnis impliziert eine übergeordnete Instanz – sei es ein Staat, eine Institution oder eine Mehrheit – die entscheiden darf, was richtig oder falsch ist. Libertäre lehnen diese

Gib einem Menschen die Freiheit, und er wird die Welt verändern.
UNBEKANNT

Vorstellung ab. Sie sagen: Wenn eine Handlung niemandem schadet, dann braucht sie keine Erlaubnis. Diese Haltung unterscheidet den Libertarismus fundamental von anderen politischen Philosophien, die individuelle Freiheit oft an Bedingungen knüpfen.

Individuelle Freiheit als Motor des Fortschritts

Geschichte und Gegenwart zeigen, dass individuelle Freiheit oft der Schlüssel zu Innovation und gesellschaftlichem Fortschritt ist.

→ **Technologische Innovationen:** Viele bahnbrechende Erfindungen stammen von Individuen oder kleinen Gruppen, die außerhalb etablierter Strukturen arbeiteten. Nikola Tesla und Steve Jobs sind Beispiele dafür, wie persönlicher Antrieb und Freiheit zu revolutionären Entwicklungen führten.

→ **Kulturelle Bewegungen:** Künstlerische Strömungen wie die Renaissance oder der Jazz entstanden durch individuelle Kreativität und den Mut, gegen den Strom zu schwimmen.

→ **Wirtschaftliche Entwicklungen:** Unternehmertum und freie Märkte ermöglichen es Individuen, ihre Ideen zu verwirklichen, was zu Wohlstand und Diversität führt.

Das Kollektiv als Unterstützer, nicht als Unterdrücker

Während der Libertarismus das Individuum in den Vordergrund stellt, bedeutet dies nicht die Ablehnung von Gemeinschaft. Vielmehr wird argumentiert, dass freiwillige Zusammenschlüsse und Kooperationen effektiver und ethischer sind als erzwungene Kollektivismen. Gemeinschaften, die auf freiwilliger Basis entstehen, respektieren die Autonomie des Einzelnen und fördern gleichzeitig den sozialen Zusammenhalt.

DEZENTRALISIERTE NETZWERKE
Beispiele wie Open-Source-Projekte oder dezentrale Plattformen zeigen, wie individuelle Beiträge in einem freiwilligen Kollektiv Großes bewirken können, ohne zentrale Kontrolle oder Zwang.

Die Balance zwischen individueller Freiheit und kollektiven Strukturen ist entscheidend für eine prosperierende Gesellschaft. Der Libertarismus bietet einen Rahmen, in dem das Individuum respek-

tiert wird und gleichzeitig durch freiwillige Kooperation zum Wohl der Gemeinschaft beiträgt. Freiheit ist dabei nicht nur ein Recht, sondern auch eine
Verantwortung, die jeder Einzelne trägt.

In den folgenden Kapiteln werden wir tiefer in
die Prinzipien des Libertarismus eintauchen und
untersuchen, wie diese Philosophie in verschiedenen Lebensbereichen angewendet werden kann.

03 Eigentum: Die Basis jeder freien Gesellschaft

Eigentum ist eines der Herzstücke des Libertarismus. Ohne Eigentum gibt es keine Freiheit, denn wer nicht über sein Hab und Gut verfügt, ist abhängig von anderen. John Locke, einer der einflussreichsten Denker der Aufklärung, betonte: „Jeder Mensch hat ein Eigentum an seiner eigenen Person. Niemand außer ihm selbst hat ein Recht darauf."

Ursprung und Bedeutung

Bereits in der Antike wurde der Wert von Eigentum erkannt. Die römische Rechtsordnung legte den Grundstein für viele moderne Eigentumskonzepte. Im Mittelalter entstand durch Gilden und Handelsrechte ein neues Bewusstsein für Besitz. Die Aufklärung brachte schließlich die Idee hervor, dass Eigentum nicht durch den Staat gewährt, sondern ein Naturrecht ist.

Das Recht auf Eigentum ist das Fundament aller Rechte.

LUDWIG VON MISES

Die Magna Carta (1215) war eines der ersten Dokumente, das den Schutz von Eigentum vor willkürlichen Eingriffen des Königs festlegte.

Mehr als nur Besitz

Eigentum umfasst materielle Güter, geistige Arbeit, persönliche Daten und digitale Werte. In einer freien Gesellschaft garantiert Eigentum Autonomie.

Bitcoin: Eigentum im digitalen Zeitalter

Bitcoin steht symbolisch für libertäres Eigentum. Es ist dezentral, sicher und staatenlos. Bitcoin zeigt, dass Eigentum im digitalen Zeitalter neu gedacht werden kann.

Bitcoin ist ein Werkzeug für Freiheit, denn es gibt den Menschen Kontrolle über ihr Eigentum.
ANDREAS ANTONOPOULOS

Libertarismus zeigt, dass Eigentum mehr ist als Besitz – es ist die Grundlage für ein selbstbestimmtes Leben, wirtschaftlichen Erfolg und den Schutz vor staatlicher Willkür. Historisch, philosophisch und praktisch ist Eigentum der Eckpfeiler jeder freien Gesellschaft.

04 Freie Märkte: Mythos oder Lösung?

Freie Märkte sind ein weiteres Herzstück des Libertarismus. Sie beruhen auf freiwilligem Austausch ohne staatliche Eingriffe. Adam Smith beschrieb den Markt als „unsichtbare Hand", die Angebot und Nachfrage ausbalanciert.

Ein freier Markt ist ein Netzwerk freiwilliger Austausche, ohne Zwang oder Privilegien durch den Staat.

MURRAY N. ROTHBARD

Ein freier Markt basiert auf freiwilligen Transaktionen zwischen Individuen ohne äußeren Zwang. Die Teilnehmer handeln in eigenem Interesse, was zu gegenseitigem Nutzen führt. Kernprinzipien sind:

→ **Freiwilligkeit:** Jede Interaktion erfolgt ohne Zwang.

→ **Eigentumsrechte:** Klare und geschützte Rechte sind essenziell.

→ **Dezentralisierung:** Keine zentrale Autorität steuert den Markt; Entscheidungen entstehen durch Angebot und Nachfrage.

Im Gegensatz dazu steht der **Korporatismus,** bei dem der Staat bestimmten Unternehmen Vorteile gewährt, was den Wettbewerb verzerrt.

Geschichte und Philosophie

Freie Märkte entstanden nicht über Nacht. Die Hanse im Mittelalter war ein frühes Beispiel für Handel ohne zentrale Kontrolle. Mit der Industriellen Revolution gewann die Idee des freien Marktes an Bedeutung.

> Das **Laissez-faire-Prinzip** bedeutet, dass der Staat sich aus wirtschaftlichen Angelegenheiten heraushält.

Vorteile freier Märkte

→ **Innovation:** Wettbewerb fördert neue Ideen und Technologien.
→ **Effizienz:** Ressourcen werden optimal genutzt, da Angebot und Nachfrage den Preis bestimmen.
→ **Wohlstand:** Historisch gesehen haben Länder mit freien Märkten höheren Lebensstandard erreicht.

Kritik und Missverständnisse

Der Staat ist nicht der Hüter des Marktes, sondern oft dessen größter Feind.

LUDWIG VON MISES

Viele glauben, freie Märkte führten zu Chaos. Doch libertäre Denker zeigen, dass freiwilliger Austausch und Wettbewerb die besten Lösungen hervorbringen. Häufige Kritikpunkte:

→ **Monopole:** Oft entstehen sie durch staatliche Eingriffe, nicht durch den freien Markt.

→ **Soziale Ungleichheit:** Freie Märkte bieten Chancengleichheit durch Wettbewerb.

PRAXISBEISPIELE

→ **Dezentrale Finanzsysteme (DeFi):** Ermöglichen Finanztransaktionen ohne zentrale Institutionen.

→ **Sharing Economy:** Plattformen wie Airbnb oder Uber zeigen, wie freie Märkte neue Geschäftsmodelle schaffen können.

Freie Märkte sind kein Mythos, sondern eine Chance, Wohlstand und Innovation für alle zu schaffen. In den folgenden Kapiteln werden wir tiefer in die Mechanismen eintauchen, die freie Märkte unterstützen, und untersuchen, wie sie in verschiedenen Bereichen der Gesellschaft angewendet werden können.

Freie Märkte sind nicht perfekt, aber sie sind das beste Mittel, das wir haben, um Wohlstand und Freiheit zu fördern.

FRIEDRICH AUGUST VON HAYEK

05 Dezentralisierung: Macht zurück an die Basis

Dezentralisierung ist ein zentraler Pfeiler des Libertarismus. Sie bedeutet, dass Macht und Entscheidungsfindung nicht in den Händen weniger, sondern verteilt auf viele Akteure liegen. Historisch gesehen führte die Konzentration von Macht oft zu Tyrannei und Misswirtschaft, während dezentrale Systeme Flexibilität, Innovation und Freiheit förderten.

> *Dezentralisierung ist die Abwesenheit einer zentralen Behörde, die Befehle erteilt.*
>
> **FRIEDRICH A. VON HAYEK**

Geschichte und Entwicklung

Von den mittelalterlichen Stadtstaaten über die Schweizer Eidgenossenschaft bis hin zu modernen Blockchain-Netzwerken — Dezentralisierung hat eine lange Tradition. Auch in der Natur sehen wir dezentrale Systeme: Schwärme, Myzel-Netzwerke und Ökosysteme, die ohne zentrale Steuerung perfekt funktionieren.

> Die Hanse, ein Handelsverbund im Mittelalter, zeigte, wie dezentrale Organisation Wohlstand und Kooperation fördert.

Warum Dezentralisierung?

→ **Machtkontrolle:** Wenn Macht verteilt ist, wird Missbrauch erschwert.

→ **Innovation:** Dezentrale Systeme fördern Experimente und Wettbewerb.

→ **Resilienz:** Ohne zentralen Single Point of Failure sind dezentrale Systeme widerstandsfähiger.

PRAXISBEISPIELE

→ **Bitcoin:** Ein Geldsystem ohne zentrale Bank.

→ **Regenerative Landwirtschaft:** Landwirte, die unabhängig wirtschaften und regionale Netzwerke bilden.

→ **Open-Source-Software:** Gemeinschaften, die freiwillig und dezentral zusammenarbeiten.

→ **Dezentrale autonome Organisationen (DAOs):** Digitale Organisationen ohne zentrale Leitung, gesteuert durch Smart Contracts.

Herausforderungen und Lösungen

Dezentralisierung bringt auch Herausforderungen: Koordination, Skalierung und Vertrauen. Doch moderne Technologien wie Blockchain bieten Lösungen. Auch historische Modelle wie die mittelalterlichen Gilden zeigen, wie Dezentralisierung gelingen kann.

Wahre Freiheit entsteht, wenn keine zentrale Instanz die Kontrolle hat.

MURRAY N. ROTHBARD

Dezentralisierung ist nicht nur ein technisches Konzept, sondern eine Philosophie, die Macht zurück an die Basis gibt und die Grundlage für eine freie Gesellschaft schafft. Sie inspiriert Bewegungen weltweit, von Bitcoin über lokale Gemeinschaftsprojekte bis hin zu neuen politischen Ansätzen, die auf Freiwilligkeit und Eigenverantwortung setzen.

Freiheit über den eigenen Körper: Libertarismus und Drogen

Libertarismus betont das Selbstbestimmungsrecht jedes Einzelnen – auch über den eigenen Körper. Dazu gehört das Recht, zu entscheiden, was man konsumiert, ohne staatliche Einmischung. Die Geschichte der Drogenverbote zeigt, dass der sogenannte „War on Drugs" weniger den Schutz der Bürger als die Kontrolle über sie zum Ziel hatte.

> *Niemand hat das Recht, mir zu sagen, was ich meinem Körper zuführen darf.*
> **Milton Friedman**

Geschichte und Entwicklung

Vor dem 20. Jahrhundert waren viele Drogen legal. Erst im 20. Jahrhundert, besonders durch die USA, begann eine weltweite Kriminalisierung. Der War on Drugs, unter Präsident Nixon ausgerufen, führte zu massiven Eingriffen in die Freiheitsrechte.

Der War on Drugs begann in den 1970er-Jahren und führte zu Masseninhaftierungen, insbesondere von Minderheiten, ohne den Drogenkonsum nachhaltig zu verringern.

Warum Drogenlegalisierung?

→ **Persönliche Freiheit:** Jeder sollte über seinen Körper selbst entscheiden.
→ **Weniger Kriminalität:** Der Schwarzmarkt würde verschwinden.
→ **Gesundheitsschutz:** Regulierung statt Verbot schützt Konsumenten.

Libertäre Kritik am War on Drugs

Libertäre sehen im War on Drugs ein Beispiel staatlicher Übergriffigkeit. Statt Menschen zu schützen, kriminalisiert der Staat sie. Murray Rothbard argumentierte, dass Drogenverbote gegen den Nichtaggressionsgrundsatz verstoßen.

Ein Verbrechen ohne Opfer ist kein Verbrechen.
LYSANDER SPOONER

→ **Portugal:** Entkriminalisierte alle Drogen und reduzierte Abhängigkeit und Todesfälle.

→ **Cannabis-Legalisierung:** In vielen Ländern erfolgreich umgesetzt.

Herausforderungen und Lösungen

Kritiker befürchten Missbrauch. Libertäre setzen auf Bildung und Eigenverantwortung. Rothbard betonte, dass eine freie Gesellschaft Menschen auch erlauben muss, schlechte Entscheidungen zu treffen.

Libertarismus fordert die vollständige Drogenlegalisierung als Ausdruck persönlicher Freiheit. Statt Repression setzt er auf Aufklärung und individuelle Verantwortung. Ein freier Mensch muss über seinen Körper selbst bestimmen können, ohne staatliche Bevormundung.

Freiheit bedeutet auch, unvernünftige Entscheidungen treffen zu dürfen.

MURRAY N. ROTHBARD

07 Libertarismus und Abtreibung: Freiheit, Verantwortung und kontroverse Sichtweisen

Freiheit bedeutet Verantwortung – und manchmal bedeutet Verantwortung, schwierige Entscheidungen zu treffen.

MURRAY N. ROTHBARD

Das Thema Abtreibung ist eines der umstrittensten im Libertarismus. Während sich alle Libertären auf das Prinzip der individuellen Freiheit einigen können, prallen hier zwei fundamentale Rechte aufeinander: das Selbstbestimmungsrecht der Frau über ihren eigenen Körper und das Recht des ungeborenen Kindes auf Leben.

Historische und philosophische Perspektiven

Bereits in der Antike wurde über Abtreibung diskutiert. In modernen Gesellschaften wurde sie oft von staatlicher Seite reguliert. Libertäre hingegen stellen die Frage: Wer darf entscheiden?

> *Judith Jarvis Thomson* argumentierte in ihrem „Violinisten-Beispiel", dass eine Frau nicht gezwungen werden kann, ihren Körper für jemand anderen zur Verfügung zu stellen.

Die libertäre Debatte

→ **Pro-Choice-Libertäre:** Betonen, dass der Körper der Frau ihr Eigentum ist und niemand, auch kein ungeborenes Kind, ein Recht auf Nutzung dieses Körpers hat.

→ **Pro-Life-Libertäre:** Argumentieren, dass auch ein ungeborenes Kind ein Recht auf Leben hat, da Abtreibung eine Aggression gegen ein unschuldiges Wesen darstellt.

Praxis und Ethik

Libertäre schlagen oft vor, dass auch hier freiwillige Lösungen möglich sind: Unterstützung für schwangere Frauen durch private Initiativen, Aufklärung und Verhütung statt Zwang und Strafe.

Das Recht auf Leben gilt für alle – auch für die Schwächsten.
RON PAUL

Fazit

Die libertäre Sicht auf Abtreibung zeigt, dass Freiheit nicht immer einfache Antworten liefert. Doch genau das macht sie so wichtig: Sie fordert uns auf, Verantwortung zu übernehmen und Kompromisse zu finden, ohne Zwang und Gewalt.

Freiheit bedeutet auch, schwierige Debatten auszuhalten.

HARRY BROWNE

Der Staat: Freund oder Feind?   **08**

Libertäre betrachten den Staat kritisch – als größte Bedrohung individueller Freiheit. Doch auch innerhalb des Libertarismus gibt es unterschiedliche Ansichten: Vom Minimalstaat, der nur für Schutz und Recht sorgt, bis zum Anarchokapitalismus, der jede staatliche Institution ablehnt.

Der Staat ist die große Fiktion, durch die jeder versucht, auf Kosten aller zu leben.
FRÉDÉRIC BASTIAT

Historische Entwicklung

Von den frühen Gesellschaftsverträgen eines Hobbes oder Rousseau bis zu den radikalen Staatskritikern des 20. Jahrhunderts zeigt die Geschichte: Der Staat wuchs oft auf Kosten der Freiheit. Libertäre wie Lysander Spooner kritisierten den Staat als illegitimen Zwangsapparat.

Hans-Hermann Hoppe und die Geschichtsrevision des Mittelalters

Hoppe argumentiert, dass das Mittelalter oft falsch dargestellt wird. Er sieht diese Zeit als Beispiel dezentraler Gesellschaften, in denen lokale Herrschaften und freie Städte weit mehr Autonomie genossen als moderne Staaten es heute erlauben. Hoppe betont, dass mittelalterliche Gesellschaften oft friedlicher und wirtschaftlich dynamischer waren, da es keine allmächtige Zentralgewalt gab.

Hoppe zur mittelalterlichen Dezentralität – „Im Mittelalter gab es keinen allmächtigen Staat, sondern ein Geflecht von Fürstentümern, freien Städten und selbstverwalteten Gemeinden."

Libertäre Kritik

→ **Zwang und Gewalt:** Steuern, Vorschriften und Gesetze basieren auf Zwang.

→ **Ineffizienz:** Bürokratie verschwendet Ressourcen.

→ **Korruption:** Staatliche Macht wird oft missbraucht.

Präferenzanmaßung – Warum Konstruktivismus scheitert

Ein zentrales Problem staatlicher Eingriffe ist die Präferenzanmaßung: die Vorstellung, dass Politiker und Bürokraten wissen, was für alle Menschen am besten ist. Benjamin Mudlack beschreibt dieses Phänomen treffend als einen Konstruktivismus, der vorgibt, die Welt verbessern zu wollen, dabei aber individuelle Bedürfnisse und Wünsche ignoriert. Libertarismus lehnt diese Anmaßung ab. Kein Staat und kein Experte kann die unterschiedlichen Präferenzen aller Individuen erfassen oder über ihre Köpfe hinweg entscheiden, was „gut" für sie ist. Gerade diese Eingriffe führen zu unerwünschten Konsequenzen und

Wir brauchen eine Welt voller schadlos ablehnbarer Angebote.
BENJAMIN MUDLACK

Jeder Staat ist letztlich ein Monopol auf Gewalt.

MURRAY N. ROTHBARD

untergraben die Selbstbestimmung. Nur ein freier Markt, in dem Menschen freiwillig handeln, kann den vielfältigen Bedürfnissen gerecht werden und echten Fortschritt ermöglichen.

Alternativen zum Staat

→ **Freie Privatstädte:** Nach dem Konzept von Titus Gebel bieten sie Dienstleistungen auf Vertragsbasis an – wer unzufrieden ist, kann gehen.

→ **Free Cities Foundation:** Unterstützt weltweit Projekte, die staatenfreie oder staatsreduzierte Zonen schaffen.

→ **Privatrechtsgesellschaften:** Freiwillige, dezentrale Organisationen regeln Konflikte.

→ **Freie Märkte:** Private Initiativen übernehmen Aufgaben wie Bildung, Sicherheit und Infrastruktur.

Titus Gebels Buch „Freie Privatstädte" skizziert eine Vision, in der Bürger als Kunden und nicht als Untertanen betrachtet werden.

Anarchie – Die Mutter der Ordnung

Anarchie wird oft als Synonym für Chaos missverstanden. Dieses Missverständnis ist das Resultat staatlicher Erzählungen, die suggerieren, dass ohne staatliche Herrschaft nur Unordnung herrschen könne. Tatsächlich bedeutet Anarchie wörtlich „ohne Herrschaft" – und ist im ursprünglichen Sinne „die Mutter der Ordnung". Anarchistische Systeme beruhen auf klaren, stabilen Regeln, die jedoch nicht durch eine zentrale Instanz einseitig verändert werden können. In einer anarchistischen Gesellschaft sind Vereinbarungen freiwillig, Eigentumsrechte werden respektiert und Konflikte durch dezentrale, gemeinschaftsbasierte Mechanismen gelöst. Anarchie ist somit nicht das Fehlen von Regeln, sondern die Abwesenheit von Herrschern – ein Zustand, der im Libertarismus als erstrebenswert gilt.

Fazit

Libertäre wollen keine Utopie, sondern eine Gesellschaft, in der Freiheit das höchste Gut ist. Ob Minimalstaat oder Anarchie – der Weg führt über weniger Zwang und mehr freiwillige Kooperation. Projekte wie die Free Cities Foundation zeigen, dass diese Vision keine Theorie bleiben muss. Die Betrachtung des Mittelalters durch Hoppe erinnert uns daran, dass es bereits Zeiten gab, in denen Dezentralität funktionierte – ein Vorbild für die Zukunft.

Libertarismus und soziale Themen: Missverständnisse aufklären

09

Libertarismus wird oft als kalt, egoistisch und unsozial missverstanden. Doch tatsächlich setzt er auf freiwillige Solidarität, Eigenverantwortung und innovative Lösungen für soziale Herausforderungen.

Wahre Solidarität entsteht nicht durch Zwang, sondern durch Freiheit.

Friedrich August von Hayek

Historische Beispiele – Im 19. Jahrhundert entstanden in Großbritannien zahlreiche freiwillige Wohltätigkeitsvereine, lange bevor Sozialstaaten eingeführt wurden.

Libertarismus und Solidarität

Libertäre argumentieren, dass Zwangsabgaben (Steuern) nicht gleichbedeutend mit echter Solidarität sind. Wahre Hilfsbereitschaft entsteht, wenn

Menschen freiwillig helfen. Soziale Arbeit wird bereits heute nicht vom Staat selbst geleistet, sondern von Menschen, die dies aus Überzeugung und Sinn tun, trotz schlechter Bezahlung. In einer freien Marktwirtschaft ohne staatliche Eingriffe würden diese wichtigen Arbeiten fairer entlohnt, da sie gesellschaftlich hoch geschätzt werden.

Armut bekämpfen

Freie Märkte schaffen Arbeitsplätze und Wohlstand. Libertäre sehen weniger Bürokratie und mehr Unternehmertum als Schlüssel zur Armutsbekämpfung. Zudem würde die Steuerlast entfallen, wodurch Familien wieder die Möglichkeit hätten, ihre Angehörigen selbst zu pflegen, anstatt diese Aufgabe an staatliche Institutionen abzugeben. Der Staat hat uns entwöhnt, für unsere Nächsten zu sorgen, doch ohne staatliche Einmischung und mit mehr finanziellen Mitteln könnten Familien wieder selbst Verantwortung übernehmen.

Freiheit ist die beste Sozialpolitik.
MILTON FRIEDMAN

Umweltschutz durch Eigentum

Libertäre setzen auf Eigentumsrechte, um die Umwelt zu schützen. Wer ein Stück Land besitzt, hat ein Interesse daran, es zu bewahren. Auch für soziale Dienstleistungen wie Bildung, Gesundheitsversorgung

> *Niemand schützt Eigentum besser als der Eigentümer selbst.*
> **MURRAY N. ROTHBARD**

oder Pflege könnten freie Märkte Lösungen bieten, da Wettbewerb Qualität fördert und Kosten senkt.

Gleichberechtigung

Libertarismus steht für Chancengleichheit durch Freiwilligkeit und Wettbewerb, nicht durch staatliche Quoten. In einer freien Gesellschaft würde die Vielfalt gefördert, da Menschen frei entscheiden könnten, welche sozialen Projekte sie unterstützen.

Libertäre Lösungen für soziale Themen zeigen, dass Freiheit und Mitgefühl Hand in Hand gehen können. Freiwillige Kooperation ersetzt Zwang – und führt zu besseren Ergebnissen. Ohne staatliche Bevormundung und übermäßige Steuerlast könnten Menschen wieder selbst für ihre Nächsten sorgen und soziale Arbeit wäre nicht nur erfüllend, sondern auch gerecht vergütet. Die Motivation, sich sozial zu engagieren, entsteht aus Sinn und Mitgefühl – und nicht aus staatlicher Lenkung.

Bitcoin und Libertarismus: Eine Revolution für Freiheit

10

Bitcoin ist weit mehr als nur digitales Geld – es verkörpert eine Bewegung hin zu individueller Freiheit und finanzieller Souveränität. Für Libertäre symbolisiert Bitcoin die Trennung von Staat und Geld, ähnlich wie die historische Trennung von Kirche und Staat. Diese Dezentralisierung stellt traditionelle Machtstrukturen infrage und bietet eine Alternative zu staatlich kontrollierten Währungen.

> *Trenne Geld und Staat –*
> *wie Kirche und Staat.*
> **ANDREAS M. ANTONOPOULOS**

Die Lösung des Double-Spending-Problems

Ein zentrales Hindernis digitaler Währungen war das Double-Spending-Problem – die Möglichkeit, dass digitales Geld mehrfach ausgegeben wird. Bitcoin löste dieses Problem durch die Einführung der

Blockchain-Technologie, die jede Transaktion transparent und unveränderlich dokumentiert. Dadurch wurde erstmals ein digitales Gut geschaffen, das nicht kopiert werden kann, was Bitcoin zu einer einzigartigen Form von digitalem Eigentum macht.

Satoshi Nakamoto veröffentlichte 2008 das Bitcoin-Whitepaper und präsentierte damit eine dezentrale Lösung für digitale Transaktionen ohne zentrale Instanz.

Finanzielle Souveränität und Zensurresistenz

Bitcoin bietet eine Alternative zu staatlich kontrollierten Finanzsystemen. Es ermöglicht den Menschen, ihr Vermögen selbst zu verwalten und Transaktionen ohne Zwischenhändler durchzuführen.

Bitcoin ist die Währung des Widerstands.

MAX KEISER

Besonders in Ländern mit instabilen Währungen oder autoritären Regimen ist Bitcoin ein Werkzeug für finanzielle Freiheit.

Bitcoin als Fundament
einer freien Welt

Bitcoin fördert Innovationen und ermöglicht neue
Modelle der Zusammenarbeit, die auf Freiwilligkeit
und gegenseitigem Nutzen basieren. Es
ist mehr als eine Währung – es ist ein *Not your keys,*
Symbol für die libertäre Vision einer *not your coins.*
dezentralen, freien Gesellschaft. **BITCOIN-MAXIME**

Bitcoin als Werkzeug
für eine unabhängige Zukunft

Für junge Menschen bietet Bitcoin eine revolutio-
näre Möglichkeit, finanziell unabhängig zu werden.
In einem System, in
dem staatliche Wäh- *Bitcoin ist nicht nur eine Währung.*
rungen durch Inflation *Es ist ein Protest gegen ein*
entwertet werden, er- *ungerechtes Finanzsystem.*
möglicht Bitcoin ech- **ANONYM**
tes Sparen – mit der
Aussicht, langfristig Kapital aufzubauen, ohne dass
der Staat den Wert des Ersparten durch Gelddru-
ckerei schmälert.

Bitcoin ist nicht nur ein Spekulationsobjekt, sondern ein Mittel zur finanziellen Selbstbestimmung.
Wer in Bitcoin spart, kann langfristig Vermögen

aufbauen, um sich später Träume zu erfüllen – sei es der Kauf von Land, ein unabhängiges Leben oder sogar die Gründung eines Unternehmens ohne die Abhängigkeit von Banken und Fremdkapital. Diese Form des Sparens fördert Eigenverantwortung und langfristiges Denken, anstatt kurzfristigem Konsum zu folgen, der durch inflationäre Fiat-Währungen begünstigt wird.

SPAREN MIT BITCOIN

Bitcoin ermöglicht jungen Menschen, langfristig Kapital aufzubauen, ohne die Bedrohung durch Inflation oder staatliche Eingriffe. Es ist ein Schritt hin zu finanzieller Unabhängigkeit und Selbstbestimmung.

Trennung von Staat und Geld – Hayeks Vision wird Realität

Friedrich August von Hayek erkannte bereits vor Jahrzehnten, dass wahre Freiheit nur existieren kann, wenn der Staat nicht das Monopol über das Geldwesen besitzt. In seinem Buch Denationalisation of Money forderte er eine Entstaatlichung des Geldes und die Möglichkeit, dass verschiedene

Währungen im Wettbewerb stehen. Bitcoin erfüllt genau diese Vision. Es ist die erste globale, nicht-staatliche Währung, die nicht von Zentralbanken manipuliert werden kann.

Durch Bitcoin kann jeder Mensch auf der Welt Zugang zu einem stabilen, unzensierbaren Geldsystem erhalten – unabhängig von Nationalität, politischer Zugehörigkeit

Ich will kein gutes Geld drucken lassen, ich will dem Staat die Möglichkeit nehmen, schlechtes Geld zu drucken.
FRIEDRICH AUGUST VON HAYEK

oder finanzieller Lage. Das traditionelle Geldmonopol des Staates wird damit herausgefordert, und die Tür zu einer wirklich freien Marktwirtschaft wird geöffnet.

Bitcoin ist weit mehr als eine digitale Währung – es ist ein Werkzeug für Freiheit, Eigenverantwortung und den Aufbau einer selbstbestimmten Zu-

---

HAYEKS VISION DER GELDENTSTAATLICHUNG
Friedrich August von Hayek argumentierte, dass ein Wettbewerb zwischen privaten Währungen die Stabilität und den Wohlstand fördern würde. Bitcoin erfüllt diese Vision und stellt eine echte Alternative zu staatlichen Währungen dar.

kunft. Besonders für junge Menschen bietet Bitcoin die Möglichkeit, sich ein finanzielles Fundament zu schaffen, das nicht von staatlichen Eingriffen bedroht ist. Wer den Libertarismus lebt, erkennt in Bitcoin nicht nur eine technologische Innovation, sondern eine fundamentale Veränderung unseres Finanz- und Gesellschaftssystems. Die Trennung von Staat und Geld ist kein ferner Traum mehr – sie beginnt mit Bitcoin.

Fazit

Bitcoin und Libertarismus teilen die Vision einer freien, dezentralisierten Gesellschaft. Durch die Beseitigung von Zwischenhändlern und zentralen Autoritäten schafft Bitcoin die Grundlage für eine neue Ära der finanziellen und persönlichen Freiheit. Es liegt an uns, dieses Potenzial zu erkennen und zu nutzen, um eine gerechtere und freiere Welt zu gestalten.

Mehr zum Thema Bitcoin kannst du in unserem Buch „Exit Fiat – Mit Bitcoin zu einer neuen Hochkultur" lesen.

Kritik am Libertarismus: Mythos vs. Realität

11

Der Libertarismus steht oft im Kreuzfeuer der Kritik. Vorwürfe wie Egoismus, Ignoranz gegenüber sozialen Problemen und utopisches Denken sind weit verbreitet. Doch wie fundiert sind diese Anschuldigungen wirklich? In diesem Kapitel werden die gängigsten Mythen entlarvt und die tatsächlichen Prinzipien des Libertarismus beleuchtet.

Libertarismus wird oft missverstanden, weil er radikal einfach ist: Lass die Menschen in Frieden.

RON PAUL

Häufige Vorurteile: Ist Libertarismus egoistisch?

Ein weit verbreitetes Klischee besagt, dass der Libertarismus egoistisch sei und das Gemeinwohl ignoriere. Doch das Gegenteil ist der Fall:

Echter Egoismus liegt nicht in der Freiheit, sondern in der Zwangsausübung.

MURRAY N. ROTHBARD

→ **Freiwillige Kooperation:** Der Libertarismus basiert auf Freiwilligkeit und gegenseitigem Respekt. Hilfe und Solidarität entstehen nicht durch staatlichen Zwang, sondern durch individuelle Verantwortung.

→ **Wohlstand durch Freiheit:** Freie Märkte fördern Innovation, Wettbewerb und Wohlstand, von dem die gesamte Gesellschaft profitiert.

Praktische Herausforderungen: Libertarismus und soziale Fragen

Kritiker behaupten oft, dass der Libertarismus keine Lösungen für soziale Probleme wie soziale Absicherung, Bildung oder Infrastruktur bietet. Doch das ist ein Mythos:

1. SOZIALE ABSICHERUNG:

→ **Freiwillige Netzwerke und private Wohltätigkeit:** Diese können effizienter und zielgerichteter sein als staatliche Systeme.

→ **Historische Beispiele:** Vor der Einführung staatlicher Sozialversicherungen boten private Organisationen wie Vereine und Gewerkschaften oft bessere soziale Sicherheit.

2. BILDUNG:

→ **Vielfalt durch Wettbewerb:** In einem freien Markt könnten private Schulen und Bildungseinrichtungen vielfältigere und hochwertigere Angebote schaffen, die besser auf die Bedürfnisse der Schüler eingehen.

3. INFRASTRUKTUR:

→ **Erfolgreiche Privatinitiativen:** Private Unternehmen haben bereits bewiesen, dass sie Infrastrukturprojekte erfolgreich umsetzen können, von Straßen bis zu Telekommunikationsnetzen.

Warum viele libertäre Ideen falsch verstanden werden

Der Libertarismus wird oft in vereinfachter Form dargestellt, was zu Missverständnissen führt:

→ **Mythos: „Der Markt regelt alles."** Libertäre behaupten nicht, dass Märkte perfekt sind, sondern dass sie flexibler und effizienter als zentrale Planwirtschaften agieren.

→ **Mythos: „Libertarismus ist nur für Reiche."** Freie Märkte schaffen Wohlstand und Chancen für alle, nicht nur für eine Elite.

→ **Mythos: „Libertarismus ist Anarchie."** Während einige libertäre Denker einen Minimalstaat befürworten, betonen alle die Bedeutung von Recht und Ordnung – jedoch ohne staatlichen Zwang.

Monopole im freien Markt: Ein Mythos

Eine häufige Kritik am Libertarismus lautet: Ohne staatliche Regulierung entstünden Monopole, die den Markt beherrschen und Verbraucher ausbeuten. Doch aus libertärer Sicht ist das ein Irrtum. Monopole entstehen nicht durch freien Wettbewerb, sondern durch staatliche Eingriffe, Privilegien und Regulierungen.

Staatliche Subventionen, Patente und Regulierungen schaffen unüberwindbare Hürden für neue Anbieter und zementieren bestehende Marktpositionen. Ein freier Markt hingegen lebt vom Wettbewerb. Wo ein Unternehmen erfolgreich ist, werden andere nachziehen – mit besseren Preisen, höherer Qualität oder innovativen Ansätzen. Ohne staatliche Protektion

Der Staat ist der größte Monopolist: Er beansprucht das Monopol auf Gewalt und Geld.
MURRAY ROTHBARD

kann kein Unternehmen dauerhaft ein Monopol halten.

Libertäre argumentieren, dass gerade der Staat, der vorgibt, Monopole zu bekämpfen, selbst der größte Monopolist ist. Ein freier Markt hingegen sorgt durch den Wettbewerb dafür, dass keine Monopolstellung von Dauer ist.

Beispiele staatlich geförderter Monopole – Zentralbanken mit Geldmonopol, staatlich regulierte Telekommunikations- und Verkehrsunternehmen, Pharmaunternehmen mit Patentschutz.

Eine Philosophie, die hinterfragt – und inspiriert

Der Libertarismus wird oft missverstanden. Bei genauerem Hinsehen zeigt sich jedoch, dass es sich um eine Philosophie handelt, die Freiheit, Verantwortung und freiwillige Kooperation miteinander verbindet. Sie bietet Antworten auf viele der Herausforderungen, vor denen wir heute stehen, und demonstriert, dass soziale Probleme nicht durch Zwang, sondern durch Innovation und Zusammenarbeit gelöst werden können.

Freiheit bedeutet nicht Chaos, sondern Verantwortung.

MILTON FRIEDMAN

Es ist an der Zeit, die Vorurteile zu hinterfragen und die Realität hinter dem Mythos zu entdecken.

Punk meets Bitcoin: **12**
Warum libertäre Ideen
Rebellion mit Substanz sind

Punk war schon immer mehr als nur Musik – es war eine Haltung, ein Aufschrei gegen Autorität und ein Bekenntnis

Punk bedeutet, selbst zu entscheiden, wie man lebt.
JOE STRUMMER (THE CLASH)

zur radikalen Freiheit. Genau wie der Libertarismus.

Geschichte und Ideale des Punk

Die Punk-Bewegung entstand in den 1970er-Jahren als Gegenreaktion auf den Mainstream und autoritäre Strukturen. Bands wie The Sex Pistols und The Clash prägten nicht nur musikalisch, sondern auch politisch. Punk stand für DIY (Do It Yourself), Selbstbestimmung und Skepsis gegenüber staatlicher Kontrolle.

In Deutschland entwickelte sich der Punk stark in den 1980er-Jahren – besonders in kleinen Städten und Dörfern. „Dorfpunks" lebten Rebellion in einer konservativen Umgebung und lehnten jede

Form von Autorität ab. Sie waren Anarchisten, aber stark links geprägt, was sie oft von libertären Ideen trennte. Das deutsche Verständnis von „rechts" war historisch belastet, während in den USA der Libertarismus als „rechte" Bewegung galt, jedoch für individuelle Freiheit und Marktwirtschaft steht.

DIY-KULTUR

Vom eigenen Plattenlabel bis zu selbstorganisierten Konzerten – Punk zeigte, wie Selbstorganisation ohne zentrale Kontrolle funktioniert.

Exkurs: Die Begriffe „Links" und „Rechts" im internationalen Vergleich

Die politische Einteilung in „links" und „rechts" hat ihren Ursprung in der Sitzordnung der französischen Nationalversammlung während der Revolution: Die Befürworter von Veränderungen saßen links, die Anhänger der Monarchie rechts. Diese Dichotomie wurde weltweit übernommen, jedoch mit unterschiedlichen Interpretationen.

→ **Deutschland:** Hier sind „rechts" und „links" stark mit historischen Ereignissen verknüpft. „Rechts" wird oft mit konservativen oder nationalistischen Strömungen assoziiert, während „links" für progressive oder sozialistische Ideen steht.

→ **USA:** Die Begriffe haben eine andere Konnotation. „Rechts" (conservative) steht für wirtschaftliche Freiheit und begrenzte staatliche Eingriffe, während „links" (liberal) für staatliche Interventionen und soziale Wohlfahrtspolitik steht.

Diese unterschiedlichen Bedeutungen führten zu Missverständnissen, insbesondere wenn politische Konzepte wie der Libertarismus in verschiedene kulturelle Kontexte übertragen werden. Libertarismus betont individuelle Freiheit und minimale staatliche Eingriffe, was in den USA oft als „rechts" gilt, während in Deutschland „rechts" mit autoritären Tendenzen assoziiert wird.

Libertarismus: Der Weg zur wahren Freiheit – jenseits von Rechts und Links.
DER AUTOR

Dieses Missverständnis erschwerte es deutschen Punks, die sich als Anarchisten und Anti-Autoritäre verstanden, libertäre Ideen zu akzeptieren, da sie „rechts" mit Unterdrückung gleichsetzten.

In Deutschland erschwerte die starke politische Polarisierung den Zugang zu libertären Ideen. Punks waren Anti-Autoritäre, aber der Diskurs wurde vom linken Anarchismus dominiert. Der Libertarismus, der in den USA als „rechts" gilt, wurde fälschlicherweise mit Nationalismus gleichgesetzt. Doch wer die Ideale beider Bewegungen betrachtet, erkennt viele Gemeinsamkeiten: Radikale Freiheit, Ablehnung von Zwang und der Wunsch nach Selbstbestimmung.

Parallelen zwischen Punk und Libertarismus

→ **Anti-Establishment:** Beide Bewegungen lehnen staatliche Bevormundung und zentrale Kontrolle ab.
→ **Selbstbestimmung:** Ob in der Musik oder im Markt – Freiheit steht an erster Stelle.
→ **Dezentralisierung:** Punks organisierten sich in Kollektiven, libertäre Ideen setzen auf freie Märkte und dezentrale Netzwerke wie Bitcoin.

„No Future for You" – ein Punk-Motto, das auch die Zukunft staatlicher Kontrolle infrage stellt.

Warum Bitcoin Punk ist

Bitcoin ist die finanzielle Rebellion gegen das etablierte System. Wie Punk die Musikindustrie herausforderte, fordert Bitcoin das staatliche Geldmonopol heraus. Beide Bewegungen zeigen: Man braucht keinen zentralen „Big Brother", um kreativ, erfolgreich und frei zu sein.

Bitcoin ist Punk-Rock-Finanz.
ERIK VOORHEES

Fazit

Punk und Libertarismus teilen den Geist der Rebellion, der Selbstbestimmung und der Freiheit. Bitcoin fügt dieser Haltung eine finanzielle Unabhängigkeit hinzu. Wer heute nach echter Rebellion sucht, findet sie im Libertarismus und in der dezentralen Welt von Bitcoin – fernab von staatlicher Kontrolle und Mainstream-Denken. Besonders in Deutschland bietet der Libertarismus eine neue Perspektive für jene, die einst mit Punk gegen Autorität kämpften und nun eine neue, freiheitliche Vision suchen.

13 Eine Gesellschaft ohne Staat gestalten

Eine freie Gesellschaft basiert nicht auf Zwang, sondern auf Freiwilligkeit.

MURRAY N. ROTHBARD

Die Vision einer Gesellschaft ohne Staat mag utopisch erscheinen, doch sie basiert auf der Überzeugung, dass Menschen durch freiwillige Kooperation, freie Märkte und dezentrale Strukturen ein funktionierendes und gerechtes Gemeinwesen schaffen können. Dieses Kapitel beleuchtet die notwendigen Schritte und Alternativen, um staatliche Systeme zu ersetzen und eine solche Gesellschaft zu realisieren.

BEISPIELE FÜR ALTERNATIVEN:
Freie Privatstädte, Bitcoin-Netzwerke, freiwillige Zusammenschlüsse.

Grundprinzipien einer staatenlosen Gesellschaft

→ **1. Vertragsbasierte Systeme:** In Abwesenheit staatlicher Autorität werden soziale und wirtschaftliche Beziehungen durch freiwillige Verträge geregelt. Individuen und Gemeinschaften schließen Vereinbarungen, die auf gegenseitigem Nutzen basieren und durch private Schiedsgerichte oder Mediatoren durchgesetzt werden.

→ **2. Freie Märkte:** Ohne staatliche Eingriffe bestimmen Angebot und Nachfrage die Produktion von Gütern und Dienstleistungen. Wettbewerb fördert Innovation, Qualität und faire Preise, während Monopole durch den freien Marktzugang verhindert werden.

→ **3. Dezentralisierung:** Entscheidungsprozesse werden auf die kleinste mögliche Ebene verlagert. Lokale Gemeinschaften organisieren sich selbst und passen Lösungen an ihre spezifischen Bedürfnisse an, wodurch Bürokratie minimiert und Effizienz maximiert wird.

Notwendigkeit von Alternativen zu staatlichen Systemen

Um eine Gesellschaft ohne Staat erfolgreich zu gestalten, ist es essenziell, funktionale Alternativen zu bestehenden staatlichen Strukturen zu entwickeln. Dies betrifft alle Lebensbereiche, von Recht und Ordnung über Bildung und Gesundheitswesen bis hin zur Infrastruktur.

1. RECHT UND ORDNUNG:

→ **Private Sicherheitsdienste:** Anstelle staatlicher Polizei könnten private Sicherheitsunternehmen durch Verträge für den Schutz von Personen und Eigentum sorgen.

→ **Schiedsgerichte und Mediatoren:** Bei Streitigkeiten bieten private Schiedsgerichte schnelle und unbürokratische Lösungen, basierend auf zuvor vereinbarten Regeln.

2. BILDUNG:

→ **Freie Bildungsinitiativen:** Eltern, Lehrer und Unternehmer können Schulen gründen, die unterschiedliche pädagogische Ansätze verfolgen, finanziert durch Schulgebühren oder Stiftungen.

→ **Homeschooling und Lerngruppen:** Familien und Gemeinschaften organisieren eigenständig

Bildungsangebote, die den individuellen Bedürfnissen der Kinder entsprechen.

3. GESUNDHEITSWESEN:

→ **Private Kliniken und Praxen:** Gesundheits-
dienstleistungen werden durch Wettbewerb effizienter und patientenorientierter gestaltet.

→ **Gesundheitsgenossenschaften:** Mitglieder
zahlen Beiträge in gemeinschaftliche Fonds ein,
aus denen medizinische Leistungen finanziert
werden.

4. INFRASTRUKTUR:

→ **Private Straßen- und Versorgungsunterneh-
men:** Unternehmen bauen und betreiben Straßen, Energie- und Wasserversorgung, finanziert
durch Nutzungsgebühren.

→ **Nachbarschaftsinitiativen:** Gemeinschaften
organisieren den Bau und die Instandhaltung
von Infrastrukturprojekten in Eigenregie.

Praxisbeispiele und aktuelle Entwicklungen

Ein praktisches Beispiel für die Umsetzung libertärer Prinzipien ist der **Bitcoin Bodenfrucht-
barkeits Investmentfonds (BBFF)** von How to

HOCHKULTUR. Dieses Fondskonzept kombiniert dezentrale Finanzierung mit regenerativer Landwirtschaft, indem er Investoren die Möglichkeit bietet, in nachhaltige Agrarprojekte zu investieren und gleichzeitig von der Wertsteigerung von Bitcoin zu profitieren. Dieses Modell zeigt, wie finanzielle Unabhängigkeit und ökologische Verantwortung Hand in Hand gehen können.

Ein weiteres Beispiel ist die **Privatstadt-Bewegung** in Deutschland. In Orten wie Döbeln in Mittelsachsen versuchen Gruppen, Parallelstrukturen zum Staat aufzubauen, unterstützt von der libertären Privatstadt-Bewegung. Diese Initiativen zielen darauf ab, autonome Gemeinschaften zu schaffen, die auf freiwilliger Kooperation und privatem Eigentum basieren.

Herausforderungen und Lösungen

Der Übergang zu einer staatenlosen Gesellschaft bringt Herausforderungen mit sich, insbesondere in Bezug auf Rechtssicherheit und soziale Absicherung.

→ **Rechtssicherheit:** Ohne staatliche Justizsysteme könnten private Schiedsgerichte und Mediationsdienste etabliert werden, die auf Reputation und Effizienz basieren. Vertragsfreiheit und freiwillige Vereinbarungen bilden die Grundlage für rechtliche Beziehungen.

→ **Soziale Absicherung:** Anstelle staatlicher Sozialsysteme könnten freiwillige Netzwerke, Genossenschaften und Versicherungen soziale Sicherheit bieten. Durch private Wohltätigkeit und gemeinschaftliche Unterstützung wird ein soziales Netz geschaffen, das auf Solidarität und Eigenverantwortung beruht.

Freiheit bedeutet Verantwortung – und die Menschen sind bereit, sie zu übernehmen.

LUDWIG VON MISES

Fazit

Eine Gesellschaft ohne Staat ist keine Utopie, sondern ein erreichbares Ziel, das auf den Prinzipien von Freiheit, Verantwortung und freiwilliger Kooperation basiert. Durch die Entwicklung und Implementierung von Alternativen zu staatlichen Systemen in allen Lebensbereichen können wir ein stabiles, gerechtes und freies Gemeinwesen schaffen. Es liegt an uns, die Initiative zu ergreifen und die Vision einer staatenlosen Gesellschaft in die Realität umzusetzen.

14 Wie schaffen wir eine Gesellschaft ohne Staat? Ein Aufruf zur Praxis

Libertarismus bietet eine Vision für eine Welt ohne staatliche Kontrolle – aber wie können wir sie verwirklichen? Dieses Kapitel zeigt konkrete Beispiele, wie Landwirtschaft, Kunst, Bildung, soziale Absicherung und Infrastruktur ohne staatliche Eingriffe funktionieren können.

Landwirtschaft ohne Staat

Eines der besten Beispiele für eine funktionierende Gesellschaft ohne Staat ist die Landwirtschaft in Ländern wie Paraguay oder Australien. Ohne staatliche Subventionen sind Landwirte gezwungen, profitabel und nachhaltig zu wirtschaften. Dies führt fast automatisch zu regenerativen Methoden, die Böden aufbauen und langfristige Erträge sichern. Staatliche Subventionen hingegen fördern ineffiziente Praktiken und binden Landwirte an bürokratische Vorgaben.

Ein freier Markt in der Landwirtschaft, unterstützt durch dezentrale Finanzierung wie Bitcoin, bietet nicht nur nachhaltige Produktion, sondern auch eine resiliente Versorgung. In einem freien Markt reagieren Landwirte direkt auf Nachfrage und Qualität, statt auf Subventionskriterien. Dies sichert die Lebensmittelversorgung und verhindert Überproduktion oder Mangel durch staatliche Fehlanreize.

Regenerative Landwirtschaft fördert Biodiversität, speichert Wasser im Boden und reduziert Abhängigkeiten von Chemikalien. Projekte wie Soilify zeigen, dass Landwirte durch private Investitionen und marktorientierte Anreize nicht nur ihre Böden, sondern auch ihre wirtschaftliche Zukunft sichern können. Eine freie Landwirtschaft ohne Subventionen ist somit auch ein Garant für ein stabiles und nachhaltiges Ernährungssystem, das auf Innovation, Qualität und Verantwortung basiert. Mehr dazu auf soilify.org.

Kunst und Kultur ohne staatliche Förderung

Staatliche Filmförderung unterstützt selten libertäre Ideen. Durch Crowdfunding, private Investoren und Bitcoin-basierte Fördermodelle können unabhängige Filme und Kunstprojekte entstehen, die frei von staatlichen Vorgaben sind. Beispiele wie unabhängige Musik- und Kunstprojekte aus der Punk-Ära zeigen, dass Kreativität ohne staatliche Mittel gedeihen kann.

Bildung dezentral gestalten

Homeschooling, Online-Plattformen und private Bildungsinitiativen beweisen, dass Bildung ohne Ministerien funktioniert. Projekte wie freie Lernnetzwerke bieten individuelle, flexible Bildungsangebote. Schon im 19. Jahrhundert gab es private Schulen und Bildungseinrichtungen, die ohne staatliche Regulierung exzellente Bildung boten.

Soziale Absicherung durch freiwillige Netzwerke

Private Versicherungen, Nachbarschaftshilfen und Genossenschaften können soziale Sicherheit gewährleisten, ohne Zwangsabgaben. Historische Beispiele zeigen, dass Wohltätigkeit und Unterstützung durch freiwillige Beiträge entstehen. Auch in libertären Privatstädten sind soziale Dienste durch freiwillige Beiträge und Nachbarschaftshilfen denkbar.

Infrastruktur durch private Initiativen

Straßen, Energie und Wasser können durch private Unternehmen und gemeinschaftliche Organisationen bereitgestellt werden. Nutzungsgebühren ersetzen Steuern und garantieren Effizienz. In der Geschichte gab es bereits privat finanzierte Straßen und Brücken, die durch Mautgebühren betrieben wurden.

Fazit: Ein Aufruf zum Handeln

Libertarismus ist keine Theorie, sondern ein Aufruf zur Praxis. Es liegt an uns, Alternativen zu schaffen, Projekte zu starten und eine Gesellschaft zu bauen, die auf Freiheit, Verantwortung und freiwilliger Kooperation basiert. Lassen wir uns inspirieren – die Zukunft gehört uns. Historische Vorbilder, moderne Technologien und libertäre Netzwerke bieten uns alle Werkzeuge, um eine freie Gesellschaft zu gestalten. Jetzt ist die Zeit zu handeln.

15 Die wahre Größe liegt in der Kleinheit

Am Anfang steht immer eine Gemeinschaft. Eine Gruppe von Menschen, die sich zusammentut, weil sie zusammenleben will. Und am Anfang scheint alles einfach: ein paar Regeln, ein bisschen Organisation, ein gemeinsames Ziel.

Doch mit jedem neuen Menschen wird es komplizierter. Mehr Bedürfnisse, mehr Vorstellungen, mehr Regeln. Und Regeln brauchen Kontrolle. Und Kontrolle braucht Kontrolleure. Aus einer einfachen Gemeinschaft wird ein komplexes System. Aus einem System wird ein Apparat. Und irgendwann steht da ein Staat.

Nicht, weil jemand das so wollte. Sondern weil es strukturell unvermeidlich ist. Je größer die Gemeinschaft, desto größer das Bedürfnis nach Ordnung. Und je größer die Ordnung, desto größer der Aufwand, sie zu überwachen. Was als Hilfe gedacht war, wird zur Last. Was Schutz sein sollte, wird Kontrolle. Und was Gemeinschaft sein sollte, wird Bürokratie.

Das ist die eigentliche Tragödie jeder Zivilisation: Sie wächst sich selbst davon. Sie wird so groß, dass sie sich selbst nicht mehr kennt. Nicht mehr trägt. Nicht mehr lebt. Sondern nur noch verwaltet wird.

Und so entsteht aus der natürlichen Vielfalt des Lebens ein künstliches Korsett, das irgendwann reißt.

Die Lösung liegt nicht in einem besseren Staat. Nicht in einer Reform. Nicht im nächsten politischen Programm.

Die Lösung liegt in der Rückbesinnung auf das Kleine.

Kleine Gemeinschaften. Kleine Einheiten. Überschaubare Strukturen, in denen sich Menschen wirklich begegnen. In denen Verantwortung spürbar ist. In denen Vertrauen wachsen kann.

Nicht alle wollen so leben. Und das ist gut so. Wahre Freiheit bedeutet, dass auch andere Lebensformen Platz haben. Wer gerne im Staat lebt, soll das tun dürfen. Wer gerne geführt wird, darf sich führen lassen. Wer das Kollektiv liebt, soll im Kollektiv leben.

Aber niemand darf einem anderen vorschreiben, wie er zu leben hat.

Freiheit ist keine Einheitsformel. Freiheit ist Vielfalt. Sie ist nur dann echt, wenn sie Koexistenz ermöglicht – nicht Herrschaft. Nicht Zwang. Nicht Besserwisserei.

Wir dürfen jetzt anfangen, anders zu leben. Wir dürfen uns zusammenschließen in kleinen, freien Gemeinschaften. Wir dürfen Regeln aufstellen, wenn wir wollen – oder es lassen. Wir dürfen Strukturen bauen, die auf Vertrauen beruhen. Und wir dürfen ein Geld benutzen, das uns niemand nehmen kann.

Bitcoin ist der Schlüssel. Er ermöglicht uns zum ersten Mal in der Geschichte, staatenlos zu wirtschaften. Staatenlos zu leben. Uns von der Zwangssteuer der Bürokratie zu befreien. Und unsere Werte in einem System zu leben, das auf Freiwilligkeit beruht.

Die große Frage war immer: Wie schaffen wir eine Gesellschaft ohne Staat?

Die Antwort ist einfach: Gar nicht.
Denn es gibt **nicht die eine Gesellschaft**.
Es gibt nur viele kleine – und die sind der Anfang.

Die wahre Revolution ist keine große.
Sie ist leise. Dezentral. Deutlich.

Sie beginnt dort, wo Menschen sich freiwillig verbinden, um etwas Besseres zu bauen.

Nicht für alle. Aber für sich.

Und vielleicht – irgendwann – für viele.

Schlusswort:
Unsere Zukunft in Freiheit

Libertarismus ist mehr als eine politische Theorie – er ist eine Vision für eine bessere, gerechtere Welt. Dieses Buch soll zeigen, dass Freiheit, Eigenverantwortung und freiwillige Kooperation keine utopischen Träume sind, sondern realisierbare Prinzipien, die unsere Gesellschaft transformieren können.

Die Zukunft gehört denen, die den Mut haben, frei zu sein.

AYN RAND

In einer Zeit, in der staatliche Eingriffe und Bürokratie immer mehr wachsen, bietet der Libertarismus eine klare Alternative: Weniger Zwang, mehr Freiheit. Geschichte und Gegenwart zeigen, dass Innovation, Wohlstand und soziale Gerechtigkeit dort gedeihen, wo Menschen frei sind.

Libertarismus fordert uns auf, Verantwortung zu übernehmen und Lösungen außerhalb staatlicher Systeme zu finden. Projekte wie Bitcoin zeigen, dass dezentrale Strukturen funktionieren können. Auch in der Landwirtschaft, im Bildungswesen und im sozialen Bereich gibt es bereits funktionierende libertäre Ansätze.

Wir stehen an einem Wendepunkt, an dem technologische Innovationen, dezentrale Netzwerke und historisches Wissen uns ermöglichen, eine Gesellschaft zu gestalten, die auf Freiheit, Verantwortung und freiwilliger Kooperation basiert. Die Herausforderungen sind groß, aber unsere Möglichkeiten sind grenzenlos. Jeder Schritt, jede Idee und jedes Projekt zählt.

> *Freiheit ist nicht etwas, das man erhält, sondern etwas, das man lebt.*
> **MILTON FRIEDMAN**

Dieses Buch ist ein Anfang. Die Zukunft liegt in unseren Händen. Lassen wir uns inspirieren, motivieren und zusammenarbeiten. Die Zukunft gehört uns – einer Zukunft in Freiheit, die wir gemeinsam erschaffen.

Es lebe die Freiheit, carajo!

Libertäre Symbole

Das Anarchie-Zirkel-A

Das Anarchie-Zirkel-A ist eines der bekanntesten Symbole des Libertarismus. Das große „A" steht für Anarchie oder Autonomie, beides Begriffe, die Selbstverwaltung und die Abwesenheit staatlicher Herrschaft betonen. Der Kreis – „O" für Ordnung – symbolisiert die Idee, dass Anarchie nicht Chaos bedeutet, sondern Ordnung ohne Herrscher, angelehnt an den Satz „Anarchie ist die Mutter der Ordnung".

Erstmals dokumentiert wurde das Symbol 1868 in Spanien, wo es in anarchistischen Kreisen Verwendung fand. Ab 1964 verbreitete es sich durch die französische Gruppe Jeunesse Libertaire und später in Italien. Besonders in den 1970er Jahren wurde das Zirkel-A durch die Anarcho-Punk-Bewegung weltweit bekannt. Es entwickelte sich zu einem allgemeinen Zeichen der Rebellion, das oft auch außerhalb seines ursprünglichen politischen Kontextes genutzt wurde.

Unsere Recherchen und Arbeit in den letzten Jahren haben gezeigt: Wirklich anarchische, herrschaftsfreie Gemeinschaften sind nur durch eine freie Marktwirtschaft möglich. Ein Schlüsselfaktor dafür ist ein Geldsystem, das unabhängig von staatlichem Einfluss und Zentralbanken funktioniert – Bitcoin verkörpert genau dieses Prinzip.

Besonders spannend ist der Aufstieg von Persönlichkeiten wie Javier Milei, dem aktuellen Präsidenten Argentiniens, der sich selbst als Anarchokapitalist bezeichnet und für radikale Wirtschaftsreformen sowie die Einführung von Bitcoin als Währung eintritt. Sein Ansatz zeigt, wie eng Anarchie, Kapitalismus und dezentrale Technologien verbunden sind und welchen Einfluss sie auf die Gestaltung einer freien Gesellschaft haben können.

Das Bitcoin-B

Das Bitcoin-B ist mehr als nur ein Währungszeichen – es steht für die Trennung von Staat und Geld, wie sie Friedrich August von Hayek forderte. Hayek war überzeugt, dass echter Wohlstand und echte Freiheit nur dann möglich sind, wenn der Staat keinen Einfluss auf das Geldwesen hat. Bitcoin erfüllt genau diese Vision: ein dezentrales, faires und freiwilliges Geldsystem, das unabhängig von Regierungen und Zentralbanken funktioniert.

Bitcoin symbolisiert nicht nur finanzielle Unabhängigkeit, sondern auch den libertären Traum eines „Europas der 1000 Liechtensteins" – einer dezentralen Welt mit kleinen, autonomen Einheiten, die frei kooperieren. Das Bitcoin-B, inspiriert vom Dollarzeichen und gestaltet als orangefarbenes B mit zwei senkrechten Linien, wurde zum weltweiten Symbol für diese Bewegung. Seit der Einführung 2009 durch Satoshi Nakamoto steht es für Innovation, Widerstand gegen staatliche Kontrolle und die Hoffnung auf eine freie, dezentralisierte Zukunft.

Wie das Anarchie-Zirkel-A ist auch das Bitcoin-B ein Symbol der Freiheit, das Menschen weltweit inspiriert, bestehende Strukturen zu hinterfragen und neue, freiwillige Alternativen zu schaffen.

 ## Das Ama-gi-Symbol

Das Ama-gi-Symbol ist eines der ältesten bekannten Zeichen für Freiheit. Ursprünglich stammt es aus dem alten Sumer und bedeutete „Rückkehr zur Mutter". Es wurde verwendet, um die Befreiung von Sklaven zu kennzeichnen – ein kraftvolles Symbol gegen staatliche Unterdrückung, die es seit den Anfängen der Zivilisation gibt.

Nach dem Sturz einer unterdrückerischen Regierung in Sumer wurde Ama-gi zum Ausdruck des Wunsches nach Freiheit und Autonomie. Heute wird es von Anarchokapitalisten als Symbol für individuelle Freiheit und die Ablehnung staatlicher Kontrolle verwendet. Die Hayek Society an der London School of Economics nutzt es für ihre Zeitschrift, und der Verlag Liberty Fund hat es in seinem Logo integriert.

Ama-gi steht für die zeitlose Sehnsucht nach Befreiung aus staatlicher Knechtschaft und die Rückkehr zur Selbstbestimmung – ein zentraler Gedanke des Libertarismus.

Das Voluntarismus-V

Das Voluntarismus-V steht für eine Gesellschaftsordnung, die ausschließlich auf Freiwilligkeit basiert. Der Voluntarismus, als philosophisches System, lehnt jede Form von Zwang ab und stützt sich auf das Nichtangriffsprinzip: Niemand darf Gewalt gegen andere anwenden, außer zur Selbstverteidigung.

Voluntaristen sehen staatliche Autorität als gewaltsam und illegitim an, insbesondere das Gewaltmonopol des Staates. Für sie sind Steuern ein klares Beispiel für staatlichen Zwang und damit nichts anderes als Raub. Sie treten für eine Gesellschaft ein, in der alle Interaktionen freiwillig sind und keine Institution jemanden zu Zahlungen oder Handlungen zwingen kann.

Das Symbol des Voluntarismus, oft in den schwarz-goldenen Farben der anarcho-kapitalistischen Bewegung gehalten, verkörpert diese Prinzipien der Freiheit und Freiwilligkeit. Wie im Libertarismus entwickeln Voluntaristen nur Ideen und Systeme, die auf Freiwilligkeit und Ablehnbarkeit basieren – ohne Zwang und ohne staatliche Kontrolle.

Die Gadsden-Flagge („Don't Tread on Me")

Die Gadsden-Flagge, mit ihrer gewundenen Klapperschlange und dem Motto „Don't Tread on Me" (Tritt mich nicht), wurde während der amerikanischen Revolution von den kontinentalen Marines getragen. Sie symbolisierte den Widerstand gegen Unterdrückung und die Forderung nach individuellen Freiheiten.

Obwohl sie heute oft mit amerikanischem Patriotismus und allgemeiner Regierungskritik assoziiert wird, basieren ihre Ursprünge auf libertären Idealen: der Ablehnung staatlicher Übergriffe und der Verteidigung persönlicher Freiheit und Souveränität. Die Flagge mahnt, dass jeder Versuch, die Rechte des Einzelnen zu verletzen, auf Widerstand stoßen wird – ein Kernprinzip des Libertarismus.

Literaturempfehlungen zum Libertarismus

Ludwig von Mises: *Menschliches Handeln* – Ein umfassendes Werk der Österreichischen Schule der Nationalökonomie.

Murray Rothbard: *Für eine neue Freiheit* – Ein Grundlagenwerk des modernen Libertarismus.

Friedrich August von Hayek: *Der Weg zur Knechtschaft* – Eine Warnung vor staatlicher Kontrolle und sozialistischer Planung.

Ayn Rand: *Atlas Shrugged* – Ein philosophischer Roman über Individualismus und Kapitalismus.

Hans-Hermann Hoppe: *Demokratie: Der Gott, der keiner ist* – Eine kritische Analyse der Demokratie aus libertärer Sicht.

Benjamin Mudlack: *Neues Geld für eine freie Welt* – Ein Meilenstein für den modernen Libertarismus. Und unabdingbar, um das Thema Geld zu verstehen.

Murray Rothbard: *Die Anatomie des Staates* – Eine prägnante Kritik an der Natur und den Mechanismen staatlicher Macht.

Roland Baader: *Kreide für den Wolf* – Eine scharfsinnige Analyse sozialistischer und interventionistischer Ideologien.

Rahim Taghizadegan: *Alles, was Sie über die Österreichische Schule der Nationalökonomie wissen müssen* – Eine verständliche Einführung in die Denkschule.

Andreas Tiedtke: *Der Kompass zum lebendigen Leben* – Ein Leitfaden für ein freies, selbstbestimmtes Leben im Sinne des Libertarismus.

Titus Gebel: *Freie Privatstädte* – Ein modernes Konzept für staatsfreie Lebensräume.

David D. Friedman: *The Machinery of Freedom* – Praktische Visionen einer anarchokapitalistischen Gesellschaft.

Lysander Spooner: *No Treason: The Constitution of No Authority* – Kritik an der Legitimität staatlicher Gewalt.

Diese Werke bieten tiefe Einblicke in die Philosophie, Ökonomie und Praxis des Libertarismus und sind eine wertvolle Grundlage für alle, die sich intensiver mit dem Thema auseinandersetzen wollen.

Libertäre Institutionen und Netzwerke

How to HOCHKULTUR – Ein libertärer Think Tank, der Bildung, Kultur und Innovation im Sinne der Freiheit fördert.

Atlas Initiative – Ein Netzwerk zur Förderung freiheitlicher Werte, Marktwirtschaft und individueller Rechte.

Free Cities Foundation – Unterstützt die Entwicklung freier Privatstädte und staatsunabhängiger Lebensmodelle weltweit.

Ludwig von Mises Institut Deutschland – Ein führendes Forschungs- und Bildungszentrum für die Österreichische Schule der Nationalökonomie und libertäre Philosophie.

Liberales Institut – Ein Schweizer Think Tank, der sich für individuelle Freiheit, Rechtsstaatlichkeit und freie Märkte einsetzt.

Hayek-Gesellschaft – Netzwerk für Anhänger der Österreichischen Schule und der Ideen von Friedrich A. von Hayek.

Students for Liberty DACH – Studentenorganisation zur Förderung von Freiheit und Selbstbestimmung an Universitäten.

Prometheus – Das Freiheitsinstitut – Denkfabrik für Wirtschaftsliberalismus und individuelle Freiheit.

Die Libertären – Erste libertäre Partei Deutschlands

International:

Cato Institute (USA) – Führender libertärer Think Tank mit globaler Reichweite.

Foundation for Economic Education (FEE, USA) – Bildungsorganisation zur Förderung von Freiheit und Marktwirtschaft.

Reason Foundation (USA) – Förderung von individuellen Rechten, Marktwirtschaft und einer begrenzten Regierung.

Institut Économique Molinari (Frankreich) – Libertärer Think Tank mit Schwerpunkt auf Wirtschaft und individuelle Freiheit in Europa.

Die How to HOCHKULTUR Buchreihe – Dein Kompass zur Freiheit

Die How to HOCHKULTUR-Buchreihe ist mehr als eine Sammlung von Schriften – sie ist ein Weckruf für alle, die sich aus den Fesseln des alten Systems befreien und eine neue, selbstbestimmte Welt erschaffen wollen. Hier geht es nicht um bloße Theorie, sondern um konkrete Strategien, um Wissen, das sich in der Praxis bewährt hat, um eine Blaupause für eine Hochkultur, die auf Freiheit, Eigenverantwortung und dezentralen Strukturen basiert.

Jedes Buch widmet sich einem essenziellen Grundpfeiler der Unabhängigkeit: Selbstbestimmung, Exit-Strategien, Bitcoin und dem Aufbau von Parallelstrukturen. Wer sie liest, wird nicht nur verstehen, warum das alte System zum Scheitern verurteilt ist, sondern auch, welche konkreten Schritte nötig sind, um sich daraus zu lösen – und warum jetzt der richtige Moment ist, aktiv zu werden.

Freiheit Next Level –
Warum die Welt Freiheit
braucht

Dieses Buch ist der ideale Einstieg in die Denkweise der Hochkultur. Es zeigt, dass Freiheit nicht nur Abwesenheit von Zwang ist, sondern eine bewusste Entscheidung für Eigenverantwortung. Staatliche Strukturen garantieren keine Freiheit – sie stehen ihr im Weg.

Freiheit bedeutet, niemanden um Erlaubnis fragen zu müssen.

Wer dieses Buch liest, versteht, warum langfristiges Denken Wohlstand und Souveränität schafft, warum Alternativen zum Staat notwendig sind – und wie man selbst daran mitwirken kann.

Raus hier! –
Exit-Strategien aus der
Fiat-Welt

Wer erkannt hat, dass das System nicht reformierbar ist, muss sich daraus lösen. Dieses Buch zeigt, wie das geht.

Warte nicht auf Reformen. Raus hier – jetzt.

Es liefert praktische Exit-Strategien zu Finanzen, Leben und Infrastruktur: Bitcoin, Gold, produktive Assets, Freie

Privatstädte, steuerfreie Zonen und der Aufbau echter Alternativen.

Für alle, die nicht nur reden, sondern handeln wollen.

Exit Fiat – Mit Bitcoin zu einer neuen Hochkultur

Bitcoin ist nicht nur Geld. Es ist der Schlüssel zur Freiheit.

Die Fiat-Welt bricht zusammen – was kommt danach? Dieses Buch zeigt, warum Bitcoin mehr ist als eine Währung: Es ist die Basis einer neuen Gesellschaftsordnung.

Hier erfährst du, warum Fiat-Geld zwangsläufig scheitert, wie Bitcoin eine deflationäre Wirtschaft ermöglicht und welche Rolle es in regenerativer Landwirtschaft und echter Unabhängigkeit spielt.

Für alle, die Bitcoin nicht nur besitzen, sondern seine tiefere Bedeutung verstehen wollen.

Befreit euch! – Der Weg in eine Welt ohne Staat

Befreit euch! ist mehr als ein Buch – es ist ein Weckruf, ein poetisches Manifest für radikale Freiheit. Es zeigt, dass unsere Ketten nicht aus Stahl, sondern aus Glaubenssätzen, Ängsten und Gewohnheiten bestehen.

Dieses Werk verbindet libertäre Gedanken mit einer spirituellen Wahrheit: Freiheit beginnt im Kopf. Befreiung geschieht nicht durch politische Kämpfe, sondern durch die Erkenntnis, dass wir nie wirklich gefangen waren.

Niemand wird dich retten. Also rette dich selbst.

Ein Buch für Rebellen, Freigeister und alle, die die alte Welt hinter sich lassen und das Leben in seiner ganzen Fülle erfahren wollen.

Die Hochkultur beginnt jetzt. Diese Bücher sind keine bloße Theorie, sondern eine Anleitung für eine neue, dezentral organisierte Welt. Sie bieten das Wissen, die Strategien und das Mindset, um sich aus dem alten System zu lösen und Teil einer echten Renaissance der Freiheit zu werden.

Jeder kann mitmachen. Jeder kann seinen Beitrag leisten. Die Hochkultur gehört denen, die sie aufbauen.

ÜBER HOW TO HOCHKULTUR

How to HOCHKULTUR steht für radikale Freiheit. Für ein Leben ohne staatliche Gängelung, ohne Vorschriften, ohne „du musst". Wir glauben an freiwillige Kooperation, freien Markt und Bitcoin als Fundament einer wirklich freien Gesellschaft.

Dieses Buch ist eine Einladung, die nächste Stufe der Freiheit zu entdecken – nicht als Theorie, sondern als gelebte Praxis. Es zeigt, wie ein Leben ohne Staat nicht nur möglich, sondern besser ist. Ohne Abhängigkeit, ohne Kompromisse, dafür mit echter Selbstbestimmung.

Wenn du glaubst, dass Freiheit kein nettes Ideal, sondern eine Notwendigkeit ist – dann bist du hier richtig.

www.hochkultur.org